지은이
노희진

일본어 고전문법의 이해

고전문법은 모르기 때문에 어려운 것이지 어렵기 때문에 모르는 것은 아니다. 흔히 고전을 공부하면 고전한다고 한다. 나 역시 고전을 공부하며 고전했었고, 여전히 그런 부분이 있는 것도 사실이다. 고전문법길라잡이가 되어 줄 쉬운 책이 있다면 그렇지 않을 것이다.

신아사

머리말

고전문법은 모르기 때문에 어려운 것이지 어렵기 때문에 모르는 것은 아니다. 흔히 고전을 공부하면 고전한다고 한다. 하지만 고전문법 길라잡이가 되어 줄 쉬운 책이 있다면 그렇지 않을 것이다.

초중급 단계의 일본어문법을 배운 학생들이 근대소설을 읽으려면 왠지 어렵게만 느껴지는 것이 사실이지만, 고전문법을 조금이나마 알고 책을 읽는다면 그 느낌과 감상은 달라질 것이다.

그래서 우리 학생들이 일본문학 속 수려한 명문장을 읽고 이해하고 감상할 수 있도록 길라잡이가 되어 줄 일본어 고전문법 책을 만들었다.

이 책은 중급 이상의 일본어 실력을 갖춘 학생들이 근대소설 혹은 시를 읽을 때 어려움 없이 책을 읽을 수 있도록, 동사의 구분법과 그 활용, 형용사와 형용동사의 활용, 마지막으로 조동사에 대해 설명하였다.

고전문법 길라잡이이기 때문에 교재를 통해 배운 고전문법을 직접 응용해 보도록 근대소설, 근대시, 하이쿠, 단가, 와카를 부록으로 넣어 수업시간에 활용할 수 있도록 하였다.

꼭! 결실의 계절 가을에 자신의 일본어능력도 한 단계 업그레이드돼 열매 맺기를 바란다.

끝으로 이 책이 세상에 나올 수 있도록 도움을 주신 도서출판 신아사 정현걸 대표님과 한규갑 상무님, 그리고 편집진에게 감사의 마음을 전하고 싶다.

2016. 11

노희진

일러두기

1. [일본어 고전문법] 수업의 강의노트를 교재용으로 만든 것이며, 방대한 고어문법 중 학생들에게 필요한 부분만을 선정하여 일본어 문어문법 입문수업 교재로 삼으려 한다.
2. 이 교재는 중급 이상의 문법을 익힌 학생들이 쉽게 근대초기 소설이나 시, 더 나아가서 하이쿠를 읽기 위해 만든 것이다.
3. 교재의 범위는 歴史がなつかい, 동사 9종류와 그 활용, 형용사·형용동사의 활용, 그리고 조동사의 용법과 그 활용을 중심으로 한다.
4. 문법을 배운 후, 교재 속 고전을 함께 읽으며 바로 응용해 볼 수 있다.
5. 읽기 교재로 森鷗外의 『舞姫』와 芥川竜之介의 『芋粥』를 넣었다. 그리고 『舞姫』의 경우 단어집을 부록으로 수록하였다.
6. 교재는 수업을 통해 학생들에게 기본적인 문법을 가르치고, 실제 문제 풀이와 활용표 완성을 통해 매 시간 학생들의 이해도를 점검할 수 있다.
7. 책 속의 현대문법 동사분류는 다음과 같이 하였다.

- 5단동사(1그룹동사),
- 상1단동사와 하1단동사(2그룹동사)
- カ행변격동사와 サ행변격동사(3그룹동사)

참고서적

『詳解 古典文法』改正版 古文文法研究会編著 桐原書店
『新わかりやすい 古典文法』松延市次 編著 桐原書店
『読解をたいせつにする体系古典文法』浜本純逸 (著), 黒川行信 (著) 数研出版
『読んで見て覚える重要古文単語315』武田 博幸 (著), 鞆森 祥悟 (著) 桐原書店
『高校やさしくわかりやすい 古典文法』 木下 雅博 (著) 文英堂
『古文入門 読解と演習23』草土力 (著) Z会
『荻野文子の 新修 古典文法』 荻野 文子 (著) 京都書房
『徒然草 説話 枕草子』右文書院版準拠 さつき書院
『文法全解 平家物語』杉田黎明著 旺文社 등을 참고하였다.

목차

[2] 실전편

부록

입문편

구어와 문법

文語文의 かなづかい

文·文節·単語

単語의 성질

[1] 입문편

· 고전문법(문어문법)을 익히기 위한 필수항목을 배운다.
· 기초항목이라고는 하지만 전체적으로 볼 때 매우 중요한 부분이기도 하다.
· 특히 [문절]의 역할은 문어문(고어/고전)을 해석함에 있어서 중요한 point가 됨으로 완벽하게 이해하기 바란다.

1. 구어와 문법

말은 인간의 여러 가지 음성의 조합이다.

인간은 목소리를 기록하고, 전달의 범위도 넓히기 위해 문자를 발명하였다.

말(언어)은 인간생활·사회와 함께 변화한다.

기록 된 옛말 고어(古語)를 현대어와 비교하면 여러 점에서 그 변화가 매우 크다.

그래서 옛말을 고어(古語) · 현대말을 구어(口語/現代語)로 구별하고, 文語문장을 文語文, 口語문장을 口語文(현대문)이라 하게 되었다. 그런데 말에는 규칙이 있다. 그 말의 규칙을 文法이라고 한다. 영어에는 영어문법이, 일본에는 일본어 문법이 있다. 옛말에는 옛말의 문법이 있고, 口語에는 口語문법이 있다.

① 喫茶店(きっさてん)へコーヒーを飲みます。

② きのう 大阪(おおさか) 出(で)て けさ 東京(とうきょう) 着(つ)きました

③ 僕(ぼく)はコーヒーは食(た)べません。

위의 ①~③번 문장은 바르지 않다.

그것을 아는 것은, 바른 어법을 익혔기 때문이다.

①의 바른 문장은 「喫茶店へ」가 아니라 「喫茶店で」이다.

②는 「を」와 「に」가 빠져 있고,

③은 「飲みません」으로 바꾸면 자연스럽다.

바로 이것이 규칙 즉, 약속이다.

그렇다면 [喫茶店へ]라는 일본어는 없는 것일까? 그렇지 않다.

喫茶店へ行きませんか。라고 할 수 있다.

왜? 「마시다 飲む」일 때는 「~에서의 뜻인 장소를 나타내는 [で]」를 사용하고, 「가다 行く」를 사용할 때는 「~로, ~에 방향을 나타내는 [へ]」를 사용하는 것일까?

바로 이것이 말이 갖고 있는 규칙을 나타내는 것이다.

그것을 조사하여 정리한 것이 [문법책]인 것이다.

고전은 文語文으로 기록된 것이고, 이 文語文法을 우리는 古典文法이라고 한다.

어렵게 느껴지지만, 이 문법책을 길라잡이로 고어문법을 익혀보기로 하겠다.

2. 文語文의 かなづかい

가) 2개의 かなづかい

「ものを ユー monowo **yu－**」라고 발음하면서 실제로는 「ものを **いう** monowo **iu**」라고 쓴다. 文語文에서 [いう－iu]는 [いふ－ ihu]로 쓴다.

「かな」로 쓸 때 어떻게 써야하는지를 우리는 [가나즈카이 かなづかい]라고 하며, 文語文의 [가나즈카이 かなづかい]를 [歴史かなづかい 역사가나즈카이]라 한다.

[現代かなづかい 현대가나즈카이]는 학교문법에서 정한 규칙이지만, [歴史かなづかい 역사가나즈카이]는 헤이안(平安)중기 고전을 기준으로 하고 있다.

古典(文語文)의 이해는 우선 음독(音読)하는 것으로부터 시작된다. 그러기 위해서는 [歴史かなづかい 역사가나즈카이]의 읽는 법을 익히는 것이 중요하다.

나) [歴史かなづかい 역사가나즈카이] 고어읽기 포인트!!

① ハ행은 ワ행으로 읽는다. (단, ハ행의 語頭音은 그대로!)
――はな[hana]・はた[hata]

② 로마자로 써 보았을 때,

au 의 경우 → o:로 읽는다. --かう **kau** → こ- (**ko:**)
eu 의 경우 → yo: 로 읽는다. --けうkeu → きょ- (**kyo:**)
iu 의 경우 → yu: 로 읽는다. --いふ **ihu** → ゆ- (**yu:**)
ou 의 경우 → o: 로 읽는다. --ほうし **hou**shi → ほ-し (法師 ho:shi)

③ ゐ → イ,ゑ → エ 로 읽는다.
--ゐる → いる(居る) ゑじ → えじ(衛士)

위와 같은 규칙으로 다음을 읽어 보시오.

やうやう → y**au**y**au** → yo:yo: → **ようよう**
かうげん → k**au**geN → ko:geN → こ**う**げん
じやうぶつ → jiy**au**butsu → jyo:butsu → じょ**う**ぶつ
せうえう → **seueu** → **syo:yo:** →しょ**うよう**
れうけん → **reu**keN → **ryo:**keN →りょ**う**けん
めうほふ → **meu**h**ohu** → **myo:**ho: → みょ**うほう**
けふ → **kehu** → **kyo:** → きょ**う**
てふ → **tehu** → **tyo:** → ちょ**う**
てうど →**teu**do → **tyo:**do → ちょ**う**ど

3. 文・文節・単語

일본어로 쓰여진 문장의 구성을 분석해 보면, 문절(文節)・문(文)・단어(単語)로 구성되어 있다. 이것은 古文도 現代文도 같은 것으로 文의 결합체가 文章이 되는 것이다.

가) 文

① 문장의 끝에 句点「。」이 붙는다.

② 1개 이상의 문절(文節)로 이루어졌다. (많은 경우 2개 이상의 文節로서 구성된다.)

③ 어떤 완성된 사상이나 감정 등을 나타낸 하나의 언어이다.

> 今(いま)は昔(むかし)、竹取(たけとり)の翁(おきな)といふものありけり。

나) 文節

① 1개 이상의 단어(자립어)로 구성된다.

② 더 이상 분리 할 수 없는 최소 의미 단위.

> 今(いま) は 昔(むかし)、竹取(たけとり)の翁(おきな)と いふ もの ありけり。

다) 単語

① 언어로서 가장 작은 단위.

② 하나하나의 단어가 의미나 역할을 나타낸다. 단, 단독으로 사용되면 그 의미를 잘 알수 없다.(부속어)

> 今(いま) は 昔(むかし)、竹取(たけとり)の翁(おきな) と いふ もの あり けり。

4. 単語의 성질

단어의 분류는 다음과 같다.

가) 자립어와 부속어

① 1개의 단어로 1개의 문절을 만들 수 있는 단어를 [자립어]라 한다.

② 1개의 단어로 1개의 문절을 만들 수 없는 단어를 [부속어]라 한다.
[부속어]는 [자립어]에 접속하여 비로소 문절을 만들게 된다.

> <예> 今(いま) は 昔(むかし)、竹取(たけとり)の翁(おきな)といふものありけり。
> [자립어] 今 昔 竹取の翁 いふ もの あり
> [부속어] は と けり

나) 활용하는 단어와 활용하지 않는 단어

① 어떤 경우에도 어형(語形)이 변하지 않는 단어를 [활용하지 않는 단어]라고 한다.

예문에서 살펴보면「　　　」「　　　」「　　　」「　　　」「　　　」「　　　」등이 있다.

② 상황에 따라 어형(語形)이 변하는 단어를 [활용하는 단어]라 말한다. 예를 들면「　　　」「　　　」「　　　」등이 있다.

활용형의 종류

はず	らず	未然形-미연형 (아직 그렇게 되지 않은)
ひたり	りたり	連用形-연용형 (용언에 연결되는 형태)
い(言)ふ.	あ(有)り.	終止形-종지형 (기본형)
ふ時	る時	連体形-연체형 (체언에 연결되는 형태)
へども	れども	已然形-이연형 (이미 그렇게 된)
へ.	れ.	命令形-명령형 (명령하는 형태)

현대 일본어와의 비교

활용형의 종류

わず	らず	未然形-미연형 (ーない)
います	ります	連用形-연용형 (ーます)
い(言)う.	あ(有)る.	終止形-종지형 (원형)
う時	る時	連体形-연체형 (명사수식형)
えば	れば	已然形-이연형 (가정형)
え.	れ.	命令形-명령형 (명령형)

다) 품사분류

단어는 ① 자립어와 부속어

② 활용하는 단어와 활용하지 않는 단어

③ 단독으로 주어, 술어, 수식어가 되는지, 그렇지 못하는지.

등을 기준으로, 그 문법적 성질을 분류할 수 있다. 이렇게 분류한 단어를 품사라 한다.

품사에는 10종류(10품사)가 있다.

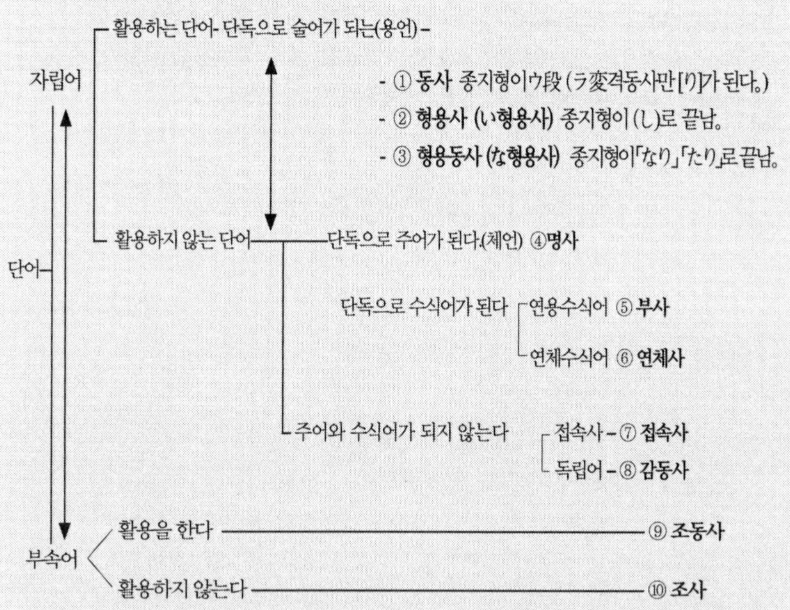

연습문제

(1) 다음 문장을 읽고, 문어문과 구어문을 구분하시오.

① 花が 咲いている。(　　)　② 鳥 の声 聞こゆ。(　　)

③ 風 立ちぬ。(　　)　④ 月が 出た。(　　)

⑤ いと をかし。(　　)　⑥ あはれなり。(　　)

(2) 다음 단어를 소리내어 읽고, 현대카나즈카이로 고치시오.

① あはれ (　　　)　② にほひ (　　　)

③ わらふ (　　　)　④ ゐど (　　　)

⑤ こゑ (　　　)　⑥ をとこ (　　　)

⑦ 久しう (　　　)　⑧ てふてふ (　　　)

(3) 다음 문장의 밑줄 친 부분을 [現代かなづかい 현대카나즈카이]로 고쳐 쓰시오.

いまは昔, 竹取の翁と①いふもの有りけり。野山にまじりて竹を取りつゝ, ②よろづの事に③使ひけり。名をば,さかきの造となむ④いひける。その竹の中に, もと光る⑤竹なむ一筋ありける。あやしがりて寄りて見るに, 筒の中光りたり。

それを見れば, 三寸ばかりなる人, ⑥いとうつくしうて⑦ゐたり。

翁 ⑧ふやう, 「我あさごと夕ごとに見る竹の中に ⑨おはするにて, 知りぬ。子と

なり ⑩たまふべき人なめり。」

(竹取物語 かぐや姫の生ひ立ち)

(4) 다음 いろは歌(うた)의 한자 부분에 [歴史かなづかい]에 의한 후리가나(ふりがな)를 쓰시오.

① 色は ② 匂へど ③ 散りぬるを ④ 我が ⑤ 世たれぞ

⑥ 常ならむ ⑦ 有為の ⑧ 奥山 ⑨ 今日 ⑩ 越えて

⑪ 浅き ⑫ 夢 ⑬ 見じ ⑭ 酔ひもせず

(5) 다음 문장의 괄호 안에 적당한 낱말을 넣어 완성하시오.

단어는 크게 (　　　)과 부속어로 나뉜다. 문절을 만들 때에는 어형의 변화의 유무로 그 형태를 나눈다. 어형이 변화하는 것을 (　　　)한다고 말하며, (　　　) 안에서도 (　　　),(　　　),(　　　)가 해당된다. 이 3개의 품사를 통틀어 용언이라고 한다.
이와 반대로 어형의 변화가 없는 품사 중, 특히 (　　　)만을 체언이라고 한다.
부속어 중에서(　　　)하는 것을 (　　　)라 한다.

실전편

동사
형용사
형용동사
조동사
조사

[2] 실전편 (활용이 있는 자립어)

1. 동사

その沢にかきつばたいとおもしろく咲きたり。それを見て、ある人のいはく、「かきつばたといふ五文字を句の上にすゑて、旅の心を よめ」といひければ、よめる。「から衣きつゝなれにしつましあればはるばるきぬるたびをしぞ思ふ」

〈『伊勢物語』·9段〉

위는『伊勢物語(いせものがたり)』9단 東下り(あずまくだり)의 한 부분이다. 위 문장 중, 구어인 [咲(さ)く, 歩(ある)く, 遊(あそ)ぶ, 寝(ね)る]는 동사이다.

동사는 주로 동작이나 존재를 나타내며, 어미가 50음도의 **[u]**단으로 끝난다. 문어에서도 똑같다. 다만, 「あり, をり」 등 4개의 동사는「--り」의 형태로 끝난다.

가. 활용의 종류와 구분법

- 용언은 문절을 구성 할 때 어형변화(활용)가 있다.
- 활용의 방법은 동사의 종류별로 다르다.
- 현대학교문법에서는 동사의 종류를 크게 5종류(5단, 상1단, 하1단, カ행변격, サ행변격)로 나누지만, 고어 문어문법에서는 9종류로 구분한다.
- 고어문법에서는 위와 같이 동사를 구분하며, 문장 안에서

동사뿐만 아니라 조동사의 역할 또한 매우 중요하다.

· 조동사는 동사 뒤에 접속되며 문장해석을 위해 중요하다.

(각 동사의 활용 말미에 예문 속 조동사와 조사에 대해 함께 정리하는 형식으로 문법을 설명)

우선 부정을 나타내는 [ず]를 접속시키는 형태로 동사를 구분한다.

(현대 학교문법에서의 [−ない]를 접속시킨 형태를 생각하면 된다.)

ア단

4단 활용 -- 咲く − 咲かず(구어의 咲かない) 咲く **5단 활용**

-a -I -u -e 思ふ − 思はず(구어의 思わない) 思う

行く − 行かず(구어의 行かない) 行く 외 다수

ナ행변격동사 -- 死ぬ − 死なず(구어의 死なない) 死ぬ **5단 활용**

-a -I -u -e 往ぬ − 往なず(×) 往ぬ(구어에서는 없어짐)

(2개뿐!!)

ラ행변격동사 -- 有り − 有らず(구어의 あらない−쓰이지 않는 형태) 有る

-a -I -u -e 居り − 居らず(구어의 居らない) 居る

侍り − 侍らず(×)

いまそがり− いまそがらず(×) (4개뿐!!)

5단 활용

ラ행변격동사만은 종지형의 어미가 [−い단]으로 끝난다.

イ단 상2단 활용 -- 帯ぶ − 帯びず(구어의 帯びない) 帯びる

-I -u 落つ − 落ちず(구어의 落ちない) 落ちる

老ゆ – 老いず(구어의 老いない) 老いる
過ぐ – 過ぎず(구어의 過ぎない) 過ぎる외 약 70개

상1단 활용

상1단 활용 –– 見る – 見ず(구어의 見ない) –見る
–I 似る – 似ず(구어의 似ない) –似る
着る – 着ず(구어의 着ない) –着る 등 10여개

상1단 활용

하2단 활용 –– 考ふ – 考へず(구어의 考えない) –考える
–u –e 隠る – 隠れず(구어의 隠れない) –隠れる
尋ぬ – 尋ねず(구어의 尋ねない) –尋ねる
据う – 据ゑず(구어의 据えない) –据える 등 다수.

하1단 활용

エ단 하1단 활용 –– 蹴る – 蹴ず(구어의 蹴らない)오직 1개!! –蹴る
–e **5단 활용!!**

サ행변격동사 –– す – せず(구어의 しない) –する
–I –u –e おはす – おはせず (×) **サ행변격동사**

オ단 カ행변격동사–– 来 – 来ず 단 1개!! (구어의 こない) –来る
–I –u –o **カ행변격동사**

나. 활용형의 용법

① 미연형(未然形)– ず · ば · む · まほし 등이 접속된다。

鳥も 飛ばず。새도 날지 않는다.
湖 あらば, 泳がむ。만약에 호수가 있었다면, 헤엄쳤을 것이다.

② 연용형(連用形)−용언이 뒤에 접속되며, 「たり · けり · て · つつ」 등이 접속된다. 이 형태는 문장의 중지형을 나타낼 때도 사용된다.

日も 暮れたり。해도 저물었다.
迷ひつつ 日を 送る。계속 헤매며 시간을 보낸다.
日 暮れ 道に 迷ひたり。날이 저물어 길을 헤매였다.

③ 종지형(終止形)−말을 끝내는 형태이며, [−べし · −まじ · −らむ]등이 접속된다.

鳥も 飛ぶ。새도 하늘을 난다.
鳥も 飛ぶべし。반드시 새도 하늘을 날 것이다.

④ 연체형(連体形)− 뒤에 명사(체언)가 접속되며, [は · も · を]나 [なり · ごとし]등이 접속된다.

鳥の 飛ぶは 見えず。(주어문절) 새가 나는 것을 볼 수 없다.
鳥も 飛ぶなり。(술어문절) 새도 난다고 한다.
鳥の 飛ぶを みる。(연용수식절) 새가 나는 것을 보다.
鳥の 飛ぶ 音。(연체수식절) 새가 나는 소리.

⑤ 이연형(已然形)− [ば · ども] 등이 접속하여 접속문절을 만든다.

道 行けども 人家 見えず。길을 가도, 인가가 보이질 않는다.

⑥ 명령형(命令形)− 명령을 하는 형태. [よ]가 접속될 수도 있음.

この 尻 蹴よ。이 엉덩이를 차자!

다. 동사활용

1) 4단 활용 동사(현대 학교문법에서는 모두 **5단 활용동사**)

4단 활용동사는 3종류 있다. (四段活用 · ナ行変格活用 · ラ行変格活用)

가) 四段活用

ア · イ · ウ · エの 4개의 단으로 활용되며, 口語에서는 **5단 활용동사**이다.

		어간	미연형	연용형	종지형	연체형	이연형	명령형
ラ行	降(ふ)る	降(ふ)	ら	り	る	る	れ	れ
뒤에 접속 되는 형태			ず	たり	·	時	ども	·

※口語에서는 5단 활용동사

	어간	미연형	연용형	종지형	연체형	**가정형**	명령형	권유/ 의지형
降(ふ)る	降(ふ)	ら	り	る	る	**れ**	れ	ろ
뒤에 접속 되는 형태		ない	ます	·	時	ば	·	う

· 暁(あかつき)より 雨 **降(ふ)れ**ば 同じ 所に **泊(と)まれり**。(土佐日記 · 一月一日)

現代訳 明け方より雨が降るので同じところに泊まっている。
새벽녘부터 비가 내리고 있기 때문에 같은 곳에 머무르고 있다.

활용형	段	ア	イ	ウ	エ	オ	현대어역
미연형	雨(あめ) 降(ふ)らず。	ら					雨が 降らない。
연용형	雨 降りたり。		り				雨が 降った。
종지형	雨 降る。			る			雨が 降る。
연체형	雨 降る 時			る			雨が 降る 時
이연형	雨 降れば				れ		雨が 降るので
명령형	雨 降れ。				れ		雨よ 降れ。

歩(ある)く·働(はたら)く·暮(くら)す·散(ち)らす·勝(か)つ·持(も)つ·言(い)ふ·習(なら)ふ·住(す)む·憎(にく)む·ののしる·語(かた)る·仰(あお)ぐ·急(いそ)ぐ·飛(と)ぶ·喜(よろこ)ぶ

나) ナ行変格活用 (단, 2개!!)

ナ行의 ナ·ニ·ヌ·ネ의 4개의 단으로 활용되며, 四段活用동사의 연체형과 이연형이 다르다. 口語에서는 **5단 활용동사**이다.

		어간	미연형	연용형	종지형	연체형	이연형	명령형
ナ行	往(い)ぬ	往(い)	な	に	ぬ	ぬる	ぬれ	ね
뒤에 접속 되는 형태			ず	たり	·	時	ども	·

※ 구어에서는 사용하지 않음.

·漕(こ)ぎいでて 往(い)ぬれば え かへりごとも せず。(大和物語·141段)

現代訳 船を漕ぎ出して行ってしまったので, え かへりごとも せず。
배를 노 저어 가버렸기 때문에 답가를 보내지도 못하였다.

활용형	段	ア	イ	ウ	エ	オ	현대어역
미연형	船にて往なむ。	な					船で行こう。
연용형	船にて往にけり。		に				船で行った。
종지형	船にて往ぬ。			ぬ			船で行く。
연체형	船にて往ぬる人			ぬる			船で行く人。
이연형	船にて往ぬれども			ぬれ			船で行っても。
명령형	船にて往ね。				ね		船で行け。

		어간	미연형	연용형	종지형	연체형	이연형	명령형
ナ行	死ぬ	死	な	に	ぬ	ぬる	ぬれ	ね
뒤에 접속 되는 형태			ず	たり	・	時	ども	・

※口語에서는 5단 활용동사

	어간	미연형	연용형	종지형	연체형	**가정형**	명령형	권유/의지형
死ぬ	死	な	に	ぬ	ぬ	ね	ね	の
뒤에 접속 되는 형태		ない	ます	・	時	ば	・	う

・**死なざる日はあるべからず。**(徒然草・137段)

現代訳 死なない日はあるはずがない。
죽지 않는 날이 있을 리가 없다.

활용형	段	ア	イ	ウ	エ	オ	현대어역
미연형	死なず。	な					死なない。
연용형	死にたり。		に				死んだ。
종지형	死ぬ。			ぬ			死ぬ。

연체형	死(し)ぬる 時			**ぬる**			死ぬ とき
이연형	死(し)ぬれ ども			**ぬれ**			死んでも
명령형	死ね。				**ね**		死ね

다) ラ行変格活用

ラ行의 ラ · リ · ル · レ의 4개의 단으로 활용되며, 종지형은 四段活用동사와 다르다. 口語에서는 **5단 활용동사**에 포함되지만, **미연형은 사용하지 않는다**.

		어간	미연형	연용형	종지형	연체형	이연형	명령형
ラ行	あり	あ	ら	り	り	る	れ	れ
뒤에 접속 되는 형태			ず	たり	·	時	ども	·

※ 口語에서는 5단 활용동사

	어간	미연형	연용형	종지형	연체형	**가정형**	이연형	명령형
ある	あ	ら	り	る	る	**れ**	れ	ろ
뒤에 접속 되는 형태		ない	ます	·	時	ば	·	う

※ ラ行 変格동사는 [あり·居(を)り·侍(はべ)り·いまそがり] 단! 4개뿐이다. 현대 구어에서는 [あり·居(を)り]만 남아 [ある·居(お)る]의 형태로 **5단 활용동사**이다.

※ 다른 동사들은 종지형이 [ウ단]이지만, ラ行変格동사만은 종지형이 [イ단]으로 끝난다.

· この国にある物にもあらず。(竹取物語 · 貴公子たちの求婚)

現代訳 この日本にあるものではない。
이 일본에 있는 물건이 아니다.

활용형	段	ア	イ	ウ	エ	オ	현대어역
미연형	命 あらじ。	ら					命は あるまい。
연용형	命 ありてこそ		り				命が あってこそ
종지형	命 あり。		り				命が ある。
연체형	命があるようだ。			る			命が あるようだ。
이연형	命が あれども				れ		命が あるので
명령형	命よ あれ。				れ		命よ あれ。

연습문제

⑴ 다음 동사 활용표를 완성하시오.

	ラ行	行	行	行	行
기본형	走(はし)る	笑(わら)ふ	急(いそ)ぐ	往(い)ぬ	居(を)り
어간	走(はし)	笑(わら)	急(いそ)	往(い)	居(を)
미연형	ら				
연용형	り				
종지형					
연체형	る				
이연형	れ				
명령형	れ				

⑵ 밑줄 친 부분의 동사 활용형을 쓰시오.

① 日は 又 昇る。-- (　　　　　　　　　)

② 鳥 鳴く 声す。-- (　　　　　　　　　)

③ はや 舟に 乗れ。 -- (　　　　　　　　　)

④ 進むを 知りて 退くを 知らず。-- (　　　　　　　)

⑶ 각 문장의 활용종류와 활용형(0行00활용), 그 종지형을 쓰시오.

> → 4단 활용동사의 연용형. 종지형은 書く. 편지를 써서 보내지만 답장도 없다.
> 例) 文を書きてやれども、返事もせず.(竹取物語)

① 雨など 降るも をかし。(枕草子)

→

② 「今まで死なぬこと」と思ひて、(大和物語)

→

③ 舟に乗るべき所へ渡る。(土佐日記)

→

④ 今は昔、竹取の翁といふものありけり。(竹取物語)

→

⑤ ゆく川の流れは絶えずして、しかももとの水にあらず。(方丈記)

→

(4) 다음 동사들 중 ラ行変格動詞 와 ナ行変格動詞를 골라내시오.

① 飛ぶ ( ) ⑥ 騒ぐ ( )

② はべり( ) ⑦ 往ぬ ( )

③ 死ぬ ( ) ⑧ 立つ ( )

④ いまそがり ( ) ⑨ 暮らす ( )

⑤ 居り ( ) ⑩ あり ( )

(5) 다음 동사들 중 4段活用動詞를 골라내시오.

① 散る ( ) ② 受く ( )

③ 滅ぶ ( ) ④ 悔ゆ ( )

⑤ 答ふ ( ) ⑥ 読む ( )

⑦ 助く ( ) ⑧ 行く ( )

(6) 다음 문장의 접속 형태를 확인하여, 괄호 안의 동사를 바른 활용형으로 고치시오.

① 野山に(まじる)て 竹を(取る)つつ、よろづのことに(使ふ)けり。(竹取物語)

②何か(あり)む、雀の(落とす)て(往ぬ)物は。(宇治拾遺物語)

③雨は(やむ)たれど、風なほ(吹く)て舟(出だす)ず。(更級日記)

Ⅰ- 조동사와 조사

고어문법에서 동사뿐만 아니라 조동사와 조사의 역할 또한 매우 중요하다. 예문으로 제시된 문장 속 조동사와 조사를 살펴보기로 하겠다.

조동사는 동사에 접속되는데 그 형태별로 나누어 보면 다음과 같다.

<table>
<tr><th>접속</th><th></th><th>미연</th><th>연용</th><th>종지</th><th>연체</th><th>이연</th><th>명령</th><th>활용
종류</th></tr>
<tr><td rowspan="5">미
연
형</td><td rowspan="3">ず 부정
(~아니다/하지 않다)</td><td>な</td><td>に</td><td></td><td>ぬ</td><td>ね</td><td></td><td rowspan="3">특
수
형</td></tr>
<tr><td>ず</td><td>ず</td><td>ず</td><td></td><td></td><td></td></tr>
<tr><td>ざら</td><td>ざり</td><td></td><td>ざる</td><td>ざれ</td><td>ざれ</td></tr>
<tr><td>む(ん)추량 (~이겠지)
① 추량- ~이겠지
② 의지/희망- ~해야지, ~하고 싶다
③ 권유/정중한 명령- ~하는 것이 좋다
④ 완곡/가정- ~와 같이, ~한다고 한다면</td><td>ま</td><td></td><td>む(ん)</td><td>む(ん)</td><td>め</td><td></td><td>4단
활용</td></tr>
<tr><td>じ 부정의 추량
① 부정의 추량- ~하지 않겠지
② 부정의 의지- ~하지 않을 작정이다</td><td></td><td></td><td>じ</td><td>(じ)</td><td>(じ)</td><td></td><td>특
수
형</td></tr>
<tr><td rowspan="2">연
용
형</td><td>たり완료
① 완료- ~다. ~해버리다.
② 존속- ~하고 있다. ~해 있다.</td><td>たら</td><td>たり</td><td>たり</td><td>たる</td><td>たれ</td><td>たれ</td><td>ラ
변형</td></tr>
<tr><td>ぬ 완료
① 완료- ~다, ~해 버리다, ~해 버렸다.
② 확인/강조- 분명히(필시) ~다. 확실히 ~다.</td><td>な</td><td>に</td><td>ぬ</td><td>ぬる</td><td>ぬれ</td><td>ね</td><td>ナ
변형</td></tr>
</table>

종지형	べし 추량 ① 추량- 분명히 ~일 것이다. ② 의지- ~할 작정이다. ③ 당연- 분명히 ~할 것이다.(はずだ) ④ 가능- ~할 수 있다. ~가능하다. ⑤ 권유- ~하는 것이 좋다 ⑥ 명령- ~해라	べく	べく	べし	べき	べけれ		ク 활용
		べから	べかり		べかる			
	なり 전문/추정 ① 전문- ~라고 한다. ~라 한다. ② 추정- ~인 것 같다. (らしいようだ)		なり	なり	なる	なれ		ラ 변형

2) 2단 활용 동사 (현대 학교문법에서는 모두 1단 활용동사)

イ · ウ단 2개의 단만을 이용하여 활용한다.

가) 상2단 활용동사

		어간	미연형	연용형	종지형	연체형	이연형	명령형
ガ行	過(す)ぐ	過(す)	ぎ	ぎ	ぐ	ぐる	ぐれ	ぎよ
뒤에 접속 되는 형태			ず	たり	·	時	ども	·

※口語에서는 **상1단 활용동사**

	어간	미연형	연용형	종지형	연체형	가정형	명령형	권유/의지형
過(す)ぎる	過(す)	ぎ	ぎ	過(す)ぎる	過(す)ぎる	ぎ	ぎ	ぎ
뒤에 접속 되는 형태		ない	ます	·	時	れば	ろ·よ	よう

〈상2단 활용동사〉

カ행 – 起(お)く、尽(つ)く

ガ행 – 過(す)ぐ

タ행 – 落(お)つ、朽(く)つ

ダ행 – 恥(は)づ、閉(と)づ

ハ행 – 恋(こ)ふ、生(お)ふ、用(もち)ふ

バ행 – 帯(お)ぶ、滅(ほろ)ぶ、忍(しの)ぶ

マ행 – 恨(うら)む

ヤ행(단! 3개) – 老(お)ゆ、悔(く)ゆ、報(むく)ゆ

· ゆかしからぬ ことぞ。早く 過ぎよ。(枕草子 · 五月の御精進のほど)

現代訳 少しも、興味の無いことだ。早く 通り過ぎなさい。
조금도 흥미가 없는 일이구나. 서둘러 지나가도록 해라.

활용형	段	ア	イ	ウ	エ	オ	현대어역
미연형	春 過ぎず。		ぎ				春は 過ぎない。
연용형	春 過ぎぬ。		ぎ				春は 過ぎた。
종지형	春 過ぐ。			ぐ			春が 過ぎる。
연체형	春 過ぐる 時			ぐる			春が 過ぎる 時
이연형	春 過ぐれど			ぐれ			春は 過ぎても
명령형	春 過ぎよ		ぎよ				春よ 過ぎよ

나) 하2단 활용동사

		어간	미연형	연용형	종지형	연체형	이연형	명령형
ダ行	出(い)づ	出(い)	で	で	づ	づる	づれ	でよ
뒤에 접속 되는 형태			ず	たり	·	時	ども	·

※口語에서는 **하1단 활용동사**

	어간	미연형	연용형	종지형	연체형	가정형	명령형	권유/의지형
出(で)る	出(で)	で	で	でる	でる	で	で	で
뒤에 접속 되는 형태		ない	ます	·	時	れば	ろ·よ	よう

〈하2단 활용동사〉

ア행–得(う)、心得(こころう) (단!! 2개)

カ행–受(う)く

ザ행–混(ま)ず (단!! 1개)

ダ행–出(い)づ、詣(もう)づ、愛(め)づ、奉(たてま)づ

ハ행–与(あた)ふ、衰(おとろ)ふ、数(かぞ)ふ、答(こた)ふ

ヤ행–覚(おぼ)ゆ、消(き)ゆ、絶(たえ)ゆ、見(み)ゆ

ワ행–植(う)う、飢(う)う、据(す)う (단!! 3개)

※ ワ행의 경우 활용은 (**わゐうゑお**)의 형태로 한다. 植(う)う는 -e, -e, -u, -uru, -ure, -eyo의 형태.

植(う)ゑず、植(う)ゑけり、植(う)う、植(う)うる 時、植(う)うれども、植(う)ゑよ

· 力おとろへて分(ぶん)を知らざれば病(やまい)を受(う)く。

現代訳 体力が衰えて、その身のほどを知らないでいると、結局 病気になる。
체력이 떨어지고, 그 자신의 몸 상태를 모르고 있으면, 결국 병을 얻고 만다.

활용형	段	ア	イ	ウ	エ	オ	현대어역
미연형	日出(い)でず。				で		日は出ない。
연용형	日出(い)でぬ。				で		日が出た。
종지형	日出(い)づ。			づ			日が出る。
연체형	日出(い)づる時			づる			日が出る時
이연형	日出(い)づれば			づれ			日が出ると
명령형	日出(い)でよ				でよ		日よ出よ。

3) 1단 활용 동사 (현대 학교문법에서는 모두 1단 활용동사)

활용시 イ단만 이용하여 활용한다.

가) 상1단 활용동사

		어간	미연형	연용형	종지형	연체형	이연형	명령형
マ行	見る	구분이 없음	み	み	みる	みる	みれ	みよ
뒤에 접속 되는 형태			ず	たり	·	時	ども	·

※口語에서는 상1단 활용동사

	어간	미연형	연용형	종지형	연체형	가정형	명령형	권유/의지형
見る		み	み	みる	みる	み	み	み
뒤에 접속 되는 형태	ない	ます	·	時	れば	ろ·よ	よう	

〈상1단 활용동사〉

カ행–着(き)る

ナ행–似(に)る、煮(に)る

は행–干(ひ)る

マ행– 見る、試(こころ)みる、

ヤ행– 射(い)る、鑄(い)る

ワ행– 居(ゐ)る、率(ゐ)る、率(ひき)ゐる、用(もち)ゐる

※「見(み)ゆ」는 ヤ행 하2단 활용,「居り」는 ラ행 변격활용. 반드시 암기!!

· まさしく見たりといふ人もなく。。。(徒然草 · 五〇段)

現代訳 たしかに見たという人もなく
확실히 봤다라고 하는 사람도 없고.

활용형	段	ア	イ	ウ	エ	オ	현대어역
미연형	花を 見む。		み				花を 見よう。
연용형	花を 見けり。		み				花を 見た。
종지형	花を 見る。		みる				花を 見る。
연체형	花を見る 人。		みる				花を 見る 人
이연형	花を 見れども		みれ				花を 見ても
명령형	花を 見よ		みよ				花を 見よ。

나) 하1단 활용동사 (蹴(け)る 단 1개!! 학교문법 안에서는 5단 활용동사)

		어간	미연형	연용형	종지형	연체형	이연형	명령형
カ行	蹴(け)る	구분이 없음	け	け	ける	ける	けれ	けよ
뒤에 접속 되는 형태			ず **※ [らる]가 접속 되는 경우가 많음.**	たり	·	時	ども	·

※口語에서는 5단 활용동사

	어간	미연형	연용형	종지형	연체형	가정형	명령형	권유/의지형
蹴(け)る	蹴(け)	ら	り	る	る	れ	れ	ろ
뒤에 접속 되는 형태		ない	ます	·	時	ば		う

· この 尻(しり) **蹴よ。**(今昔物語 · 巻二三)

現代訳 この尻を蹴れ。
이 엉덩이를 차라!

활용형	段	ア	イ	ウ	エ	オ	현대어역
미연형	馬に 蹴(け)られたり。				け		馬に 蹴(け)られた。
연용형	人を 蹴(け)て。				け		人を 蹴(け)って。
종지형	人を 蹴(け)る。				ける		人を 蹴(け)る。
연체형	人を 蹴(け)る 馬。				ける		人を 蹴(け)る 馬
이연형	人を 蹴(け)れば				けれ		人を 蹴(け)ると
명령형	人を 蹴(け)よ				けよ		人を 蹴(け)れ。

4) 변격동사 (현대 학교문법에서는 모두 불규칙(변격동사)동사)

カ행변격동사와 サ행변격동사를 말한다.

가) カ행 변격동사 (단!! 1개)

		어간	미연형	연용형	종지형	연체형	이연형	명령형
カ行	来(く)	구분이 없음	こ	き	く	くる	くれ	こ(よ)
뒤에 접속 되는 형태			ず	たり	·	時	ども	·

※口語에서는 カ행변격동사

	어간	미연형	연용형	종지형	연체형	가정형	명령형	권유/의지형
来(く)る		こ	き	くる	くる	くれ	こい	こ
뒤에 접속 되는 형태	ない	ます	·	時	ば		よう

· さは この度は 帰りて 後(のち)に 迎(むか)へに 来む。(更級日記)

現代訳 それでは こんどはこのまま帰って、のちに迎えに来よう。
그럼, 이번에는 이대로 돌아가고, 나중에 배웅하러 와야지.

활용형	段	ア	イ	ウ	エ	オ	현대어역
미연형	春 来(こ)ず。					こ	春が 来ない。
연용형	春 来(き)たり。		き				春が 来た。
종지형	春 来(く)			く			春が 来る。
연체형	春 来(く)るとき。			くる			春が 来る 時
이연형	春 来(く)れども			くれ			春が 来ても
명령형	春 来(こ)よ					こよ	春よ 来い。

나) サ행 변격동사 **(단!! 2개)**

為(す) 와 おはす 단!! 2개.

		어간	미연형	연용형	종지형	연체형	이연형	명령형
サ行	為(す)	구분이 없음	せ	し	す	する	すれ	せよ
뒤에 접속 되는 형태			ず	たり	·	時	ども	·

※ 口語에서는 サ행변격동사

	어간	미연형	연용형	종지형	연체형	가정형	명령형	권유/의지형
する		し	し	する	する	す	しろ ·せよ	し
뒤에 접속 되는 형태		ない	ます	·	時	れば		よう

· 妻子の ためには 恥をも 忘れ、盗みも しつべきなり。
(徒然草 · 一四二段)

現代訳 妻や子のためには、恥も忘れ、盗みをもしかねないのである。
부인과 자식을 위해서는 창피한 것도 잊고 어쩌면 도둑질도 할 수 있는 일이다.

활용형	段	ア	イ	ウ	エ	オ	현대어역
미연형	手本にせまほし。				せ		手本に したいものだ。
연용형	手本に しつ。		し				手本に した。
종지형	手本に す。			す			手本に する。
연체형	手本にするなり。			する			手本に するので
이연형	手本に すれば			すれ			手本に すると
명령형	手本に せよ。				せよ		手本に しろ。

※ サ행 변격동사의 복합어

サ행 변격동사는 원래 [為(す)] 1개이지만, {한자어/和語의 명사/용언의 연용형 + 為(す)}의 형태로 많은 サ행 변격동사를 만들 수 있다.

(1) 和語의 명사+ 為(す) → 心(こころ)す · 船出(ふなで)す · 恋(こ)す · 紅葉(こうよう)す

(2) 한자어 + 為(す) → 愛(あい)す · 念(ねん)ず · 命(めい)ず · 案(あん)ず

(3) 용언의 연용형 + 為(す) → 久(ひさ)しうす · 全(まつた)うす

연습문제

(1) 다음 동사 활용표를 완성하시오.

기본형	어간	미연형	연용형	종지형	연체형	이연형	명령형	행 / 활용의 종류
	言(い)	は						
居(ゐ)る				ゐる				
								カ행/ 하1단 활용
	老(お)		い					
据(す)う					うる			
	消(き)						えよ	
為(す)								
来(く)								

(2) 다음 문장의 밑줄 친 부분의 동사기본형을 쓰고, 그 활용의 행과 활용의 종류를 말하시오.

① 立(た)てる人どもは、装束(さうぞく)の清らなること、物(もの)にも似(に)ず。(竹取物語)

❶ ❷

現代訳 (空中に) 立っている人々は服装の美しいこと、似たものさえない。

② 風吹けば沖つ白波立つた山夜半(よは)にや君がひとり越ゆらむ。

❸ ❹ (伊勢物語 · 23段)

現代訳 風が吹くと、沖に白波が立つ(その)竜田山を夜中にあなたがだった一人で越えているのだろうか。

(3) 다음 문장 속 괄호 안에, 보기로 들어놓은 동사를 적당한 활용형으로 바꾸어 문장을 완성하시오.

① 昔、下総(しもふさ)の国に、まののてうといふ人(❶)けり。

現代訳 むかし、しもふさの国に まのの長者という人が______。

ひきぬのを千(ち)むら万(よろづ)むら(❷)せ、さらさせけるが家の跡とて、

現代訳 一疋つづきの布を千巻(まき)も万巻も_______、晒させていた人のその家の

跡といって深き川を舟にて(❸)。(更級日記 · かどで)

現代訳 深い川を舟で __________ .

❶ 住む(マ行 四段) ❷ 織る(ラ行 四段) ❸ 渡る(ラ行 四段)

② かくあるうちに、京にて(❹　　　)たりし女子(をむなこ)、国にてにはかに亡せにしかば、このごろの出立(いでた)ちいそぎを(❺　　　)どなにごとも(❻　　　)ず。京へ(❼　　　)に、女子のなきのみぞ悲しび (❽　　　)。

現代訳 いろいろなことがある中で、京に ＿＿＿＿＿ 女、任国で急に 死んでしまったのでいまごろ出発の準備を＿＿＿＿＿。京への＿＿＿＿＿、娘を連れて帰れないことばかりが悲しく恋しく思われる。

❹ 生まる(ラ行 下二段)	❺ 見る(マ行 上一段)	❻ 言ふ(ハ行 四段)
❼ 帰る(ラ行 四段)	❽ 恋ふ(ハ行 上二段)	

(4) 다음 문장 중 4단/상1단/상2단/하1단/하2단 동사가 있으면 밑줄을 긋고, 각 활용의 종류와 활용형을 쓰시오.

① 寂しさに悲しみを加へて、地勢 魂(たましひ)を悩ますに似たり。(奥の細道・象潟)

② 「えい。」と いらへたりければ、僧たち笑ふこと限りなし。(宇治拾遺物語・一)

③ 度度(どど)の高名(かうみやう)、肩を並ぶる者なし。(平家物語・九)

④ 木曽は、長坂を経て丹波路(たんばぢ)へおもむくとも聞こえけり。(平家物語・九)

⑤ 聞きしにも過ぎて尊くこそおはしけれ。(徒然草・五二)

(5) 다음 문장 중 상1단 활용동사를 골라 활용표를 완성하시오.

・浦島太郎は、故郷(ふるさと)に帰り、見てあれば、人跡絶えはてて、虎ふす野辺(のべ)となりにけり。

現代訳 浦島太郎は 故郷(ふる)に帰って、見てみると、人の行き来はすっかり絶えて,虎がすむような荒れはてた野原となってしまっていた。

기본형	어간	미연형	연용형	종지형	연체형	이연형	명령형

(6) 다음 문장 중 **상2단 활용동사**를 골라 활용표를 완성하시오.

· とりつきながら、いたう睡(ねむ)りて、落ちぬべきときに目をさます。

現代訳 (木の枝に)つかまったままで、ひどくねむって、今にも落ちそうなときに目をさます。

기본형	어간	미연형	연용형	종지형	연체형	이연형	명령형

(7) 다음 문장 중 **カ행변격동사**를 골라 활용표를 완성하시오.

· しのびて来る人見知りてほゆる犬。

現代訳 人見をしのんでやってくる人を見知って吠える犬。

기본형	어간	미연형	연용형	종지형	연체형	이연형	명령형

(8) 다음 문장 중 **サ행변격동사**를 골라 활용표를 완성하시오.

· 岩の上に旅寝をすればいと寒し。

現代訳 岩に上で旅寝をするのでたいへん寒い。

기본형	어간	미연형	연용형	종지형	연체형	이연형	명령형

라. 동사 활용의 종류 구분법

文語(고어)에서는 동사활용의 종류를 모두 9가지로 구분한다.

❶ **반드시 암기해야 하는 단어**. (각 활용별 少数의 단어!!)

상1단 활용 → 着る、似(に)る、煮(に)る、干(ひ)る、見る、射(い)る、鑄(い)る、居(ゐ)る、率(ゐ)る

하1단 활용 → 蹴(け)る

カ행변격동사 → 来(く)

サ행변격동사 → 為(す)、おはす

ナ행변격동사 → 死(し)ぬ、往(い)ぬ

ラ행변격동사 → 有(あ)り、居(を)り、侍(はべ)り、いまそがり

❷ 위의 ❶번의 6종류에 속해있지 않은 단어라면, 부정의 조동사 [ず]를 접속시켜 본다.

[ず] 바로 앞의 발음이
- **ア단**이 되면 → **4단 활용** (書く→ 書かず)
- **イ단**이 되면 → **상2단 활용** (過ぐ→ 過ぎず)
- **エ단**이 되면 → **하2단 활용** (受く→ 受けず)

주의해야 할 단어!!!

❶ 死ぬ (ナ変) / 死(し)す (サ変)

❷ 来(く) (カ変) / 来(きた)る (ラ四)

❸ 居(ゐ)る (ワ上一) / 居(を)り (ラ変)

❸ 다시 한번 어느 행에 속해있는지 확인 후, 미연형(부정형)으로 확인한다.

· 어미(語尾)가 어디부터인가를 정확히 알아야 한다.

〈예〉

過ぐる ------	過(す)ぐる → 過(す)ぎず ⇨ ガ行 (○)
	過(す)ぐる → 過(す)ぐらず ⇨ ラ行 (×)

· ア행 · ハ행 · ヤ행 · ワ행의 구별에 특히!! 주의해야한다.

ア행·	ハ행·	ヤ행·	ワ행
あ	は	や	わ
い	ひ	い	ゐ
う	ふ	ゆ	う
え	へ	え	ゑ
お	ほ	よ	を

연습문제

(1) 다음 동사의 활용의 종류를 쓰시오.

① 老ゆ　② 死ぬ　③ 打つ　④養ふ

⑤ 蹴る　⑥ 読む　⑦ 有り　⑧ 見る

⑨ 恋ふ　⑩ 用ゐる　⑪ 煮る　⑫ 起く

⑬ 植う　⑭ 来　⑮ す

마. 자동사와 타동사

• 자동사는 자발적인 동작/작용을 나타내는 동사. (목적어를 필요로 하지 않음.)

<예> 花が　散る。
　　 주어　자동사

• 타동사는 동사가 나타내는 동작/작용이 다른 대상에게 작용하게 하는 동사. (목적어를 필요로 하는 동사) 조사[~を]를 필요로 한다.

<예> 花を　散らす。
　　 주어　타동사

동사에는

① 「行く」「死ぬ」「老ゆ」와 같이 자동사의 형태만 있는 동사.

② 「蹴る」「養(やしな)ふ」「投(な)ぐ」 등과 같이 타동사의 형태만 있는 동사.

③ 자/타동사 2가지의 형태를 모두 가지고 있는 동사.

• 자/타동사 2가지의 형태를 모두 가지고 있는 동사는 아래와 같은 형태로 구분된다.

❶ 활용의 行도 활용의 종류도 모두 같은 형태.

자동사 吹(ふ)く (カ行 四段活用)　타동사 吹(ふ)く (カ行 四段活用)

❷ 활용의 行은 다르지만, 활용의 종류는 같은 형태.

자동사 渡(わた)る (ラ行 四段活用)　타동사 渡(わた)す (サ行 四段活用)

❸ 활용의 行은 같지만, 활용의 종류는 다른 형태.

자동사 開く (カ行 四段活用)　타동사 開く (カ行 下２段活用)

❹ 활용의 行도 활용의 종류도 모두 다른 형태.

자동사 乱(みだ)る (ラ行 下２段活用)　타동사 乱(みだ)す (サ行 四段活用)

바. 동사의 음편

文語(고어)에서는 동사의 음편을 4가지로 나눈다.

모든 동사에 음편이 있는 것은 아님으로 주의!!

4段/ナ変/ラ変 동사의 연용형에 [て][たり][たまふ]를 접속시킬 때, 연용형의 활용語尾의 발음이 변하는 현상이다.

[현대일본어 문법의 음편과 같은 현상. 단, 현대일본어문법에서의 음편은 모두 3가지!!(イ音便/ 促音便/ 撥音便)]

① イ音便 – げにえたまふまじく泣いたまふ。[泣きたまふ] (源氏物語・桐壺)

現代訳 全くこらえることができないほどにお泣きになる。

② ウ音便 – もの思う給へ知らぬ心地にも、[思ひ給へ知らぬ] (源氏物語・桐壺)

現代訳 ものの分別も知り申し上げない者の心にも、

③ 撥音便 – ただ一人(いちにん)橋の上にぞ進んだる。[進みたる] (平家物語・四)

現代訳 ただ一人で橋の上に進んだ。

음편의 종류	イ音便	ウ音便	撥音便	促音便
활용의 종류와 활용형	カ행4段 / 연용형 ガ행4段 / 연용형 サ행4段 / 연용형	ハ행4段 / 연용형 バ행4段 / 연용형 マ행4段 / 연용형	バ행4段 / 연용형 マ행4段 / 연용형 ナ変연용형	タ행4段 / 연용형 ハ행4段 / 연용형 ラ행4段 / 연용형 ラ変연용형
변화 된 형태	咲(さ)きて→咲(さ)いて 急(いそ)ぎて→急(いそ)いで 思(おぼ)して→思(おぼ)いて	争(あらそ)ひて→争(あらそ)うて 飛(と)びて→飛(と)うで 読(よ)みて→読(よ)うで	飛(と)びて→飛(と)んで 読(よ)みて→読(よ)んで 死(し)にて→死(し)んで	打ちて→打つて 思ひて→思つて 散りて→散つて ありて→あつて

연습문제

(1) 다음 문장 중 밑줄 친 부분에 대응하는 자동사 혹은 타동사를 쓰고, 각 동사의 활용의 종류를 바르게 쓰시오.

① 花 ______。(　　　　　활용)　花を 散らす。(　　　　　활용)

② 音 聞こゆ。(　　　　　활용)　音を ______。(　　　　　활용)

③ 船 ______。(　　　　　활용)　船を 出だす。(　　　　　활용)

④ 人 見ゆ。(　　　　　활용)　人を ______。(　　　　　활용)

(2) 다음 각 문장의 밑줄 친 부분의 동사의 음편을 바르게 적으시오.

① 康頼(やすより)入道と二人、読うでは泣き、泣いては読む。(　　　　　)

現代訳　康頼(やすより)入道と二人で読んでは泣き、泣いてはまた読む.

② これら兄弟三百余騎で、陣のおもてに進んだり。(　　　　　)

現代訳　この兄弟(が率いる)三百余騎で、陣の先頭に進んだ.

③ 心に中に祈念して目を見開いたれば、風も少し吹き弱り、扇も射よげにぞなつたりける。(　　　　　)

現代訳　心に中で祈って目をあけると、風も少し弱まり、扇も射やすいようになった。

(3) 다음 활용표를 완성하시오.

	미연형	연용형	종지형	연체형	이연형	명령형	활용의 종류
待つ							タ行四段
落つ							タ行上2段
捨つ							タ行下2段

Ⅱ－ 조동사와 조사

<table>
<tr><th></th><th></th><th>미연</th><th>연용</th><th>종지</th><th>연체</th><th>이연</th><th>명령</th><th>활용
종류</th></tr>
<tr><td rowspan="3">미
연
형</td><td rowspan="2">る·らる
자발/가능, 수동/존경
① 자발- 자연스럽게 ~가 되다.
(~하다)
② 가능- ~할 수 있다.
③ 수동- ~함을 당하다
④ 존경-~하시다.
※る-4段/ナ변격/ラ변격동사의
미연형에 접속.
らる- [る]에 접속 되는 동사
이 외에는 모두.</td><td>れ</td><td>れ</td><td>る</td><td>るる</td><td>るれ</td><td>れよ</td><td>下2段</td></tr>
<tr><td>られ</td><td>られ</td><td>らる</td><td>らるる</td><td>らるれ</td><td>られよ</td><td>下2段</td></tr>
<tr><td>む (ん)추량 (~이겠지)
① 추량-~이겠지
② 의지/희망-~해야지, ~하고 싶다
③ 권유/정중한 명령-~하는 것이
좋다
④ 완곡/가정-~와 같이, ~한다고
한다면</td><td>ま</td><td></td><td>む(ん)</td><td>む (ん)</td><td>め</td><td></td><td>4단
활용</td></tr>
<tr><td rowspan="2">연
용
형</td><td>けり 회상(과거)
① 간접체험의 회상-~했다고 한다.
② 영탄- ~구나. ~한 것이여.</td><td>けら</td><td></td><td>けり</td><td>ける</td><td>けれ</td><td></td><td>ラ
변형</td></tr>
<tr><td>ぬ 완료
① 완료-~다, ~해 버리다, ~해 버
렸다.
② 확인/강조-분명히(필시) ~다.
확실히 ~ 다.</td><td>な</td><td>に</td><td>ぬ</td><td>ぬる</td><td>ぬれ</td><td>ね</td><td>ナ
변형</td></tr>
</table>

<table>
<tr><td rowspan="3">종
지
형</td><td rowspan="2">べし 추량
① 추량-분명히 ~일 것이다.
② 의지~할 작정이다.
③ 당연- 분명히 ~할 것이다.(はずだ)
④ 가능- ~할 수 있다. ~가능하다.
⑤ 권유- ~하는 것이 좋다
⑥ 명령- ~해라</td><td>べく</td><td>べく</td><td>べし</td><td>べき</td><td>べけれ</td><td></td><td rowspan="2">ク
활용</td></tr>
<tr><td>べから</td><td>べかり</td><td></td><td>べかる</td><td></td><td></td></tr>
<tr><td>なり 전문/추정
① 전문- ~라고 한다. ~라 한다.
② 추정- ~인것같다.
(らしい·ようだ)</td><td></td><td>なり</td><td>なり</td><td>なる</td><td>なれ</td><td></td><td>ラ
변형</td></tr>
<tr><td rowspan="4">연
체
형</td><td rowspan="2">なり단정
① 단정- ~이다. ~다.
② 존재- ~에 있다.</td><td>なら</td><td>なり</td><td>なり</td><td>なる</td><td>なれ</td><td>なれ</td><td rowspan="2">ナリ
활용형</td></tr>
<tr><td></td><td>に</td><td></td><td></td><td></td><td></td></tr>
<tr><td rowspan="2">たり단정
~이다. ~다.</td><td>たら</td><td>たり</td><td>たり</td><td>たる</td><td>たれ</td><td>たれ</td><td rowspan="2">タリ
활용형</td></tr>
<tr><td></td><td>と</td><td></td><td></td><td></td><td></td></tr>
</table>

2. 형용사

① 형용사는 사물의 성질이나 상태를 나타내는 단어

② 활용하는 자립어(用言)

③ 기본형(종지형)의 어미(語尾)가 「し」로 끝난다.

가) 형용사 활용의 종류

ク활용과 シク활용 2가지이다.

<table>
<tr><th>활용의 종류</th><th>기본형</th><th>어간</th><th>미연형</th><th>연용형</th><th>종지형</th><th>연체형</th><th>이연형</th><th>명령형</th></tr>
<tr><td rowspan="2">ク활용</td><td rowspan="2">清し</td><td rowspan="2">清</td><td>く</td><td>く</td><td>し</td><td>き</td><td>けれ</td><td></td></tr>
<tr><td>から</td><td>かり</td><td></td><td>かる</td><td></td><td>かれ</td></tr>
<tr><td rowspan="2">シク활용</td><td rowspan="2">楽し</td><td rowspan="2">楽</td><td>しく</td><td>しく</td><td>し</td><td>しき</td><td>しけれ</td><td></td></tr>
<tr><td>しから</td><td>しかり</td><td></td><td>しかる</td><td></td><td>しかれ</td></tr>
<tr><td colspan="3">접속되는 형태</td><td>ず</td><td>てぎ</td><td>言い
切る</td><td>もの
べし</td><td>ども</td><td>명령의
의미를
갖은 단어</td></tr>
</table>

나) 형용사의 음편

<table>
<tr><th>음편의 종류</th><th>활용의 종류와 활용형</th><th>음편된 형태</th></tr>
<tr><td>イ음편</td><td>ク활용·연체형
シク활용·연체형</td><td>·清き流れ →清い流れ
·楽しきかな → 楽しいかな</td></tr>
<tr><td>ウ음편</td><td>ク활용·연용형
シク활용·연용형</td><td>·早く走る → 早う走る
·恋しくて → 恋しうて</td></tr>
<tr><td>撥音便</td><td>カリ활용·연체형</td><td>아래의 ※ 표시 참고</td></tr>
</table>

※ 형용사의 カリ활용의 연체형이 「なり」「めり」에 접속 되면,

· 清(きよ)かるなり → 清(きよ)かんなり → 清(きよ)**かなり**

와 같이 [ん]은 **표기되지 않을 때도 있다**.

다) ク활용과 シク활용의 구분 법

현대 일본어에서는 「清(きよ)い」「美(うつく)しい」와 같이 구분이 되지만, 文語(고어)에서는 「清(きよ)し」「美(うつく)し」처럼 語尾(어미)만으로는 구분이 힘들다.

① 현대일본어에서 [-い]는 [-ク활용], [-しい]는 [-シク활용]이 된다.

② [なる]를 접속시켜본다.

현대일본어에서 [-くなる]의 형태가 되면 [-ク활용], [-しくなる]의 형태가 되면 [-シク활용]이 된다.

· ク활용의 예

활용형	ク활용	현대어 역
미연형	水 清(きよ)くは 水 清(きよ)からず	水が 清(きよ)ければ 水が 清(きよ)くない。

연용형	水清(きよ)く流る。 水清(きよ)かりけり。	水が清(きよ)く流れる。 水が清(きよ)かった。
종지형	水清(きよ)し。	水が清(きよ)い。
연체형	水清(きよ)き里 水清(きよ)かるべし。	水の清(きよ)い里 水が清(きよ)いだろう。
이연형	水清(きよ)けれども	水は清(きよ)いけれども
명령형	水清(きよ)かれ。	水よ清(きよ)くあれ。

· シク활용의 예

활용형	ク활용	현대어 역
미연형	心正(ただ)しくは 心正(ただ)しからず	心が正(ただ)しいならば 心が正(ただ)しくない。
연용형	心正(ただ)しく見ゆ。 心正(ただ)しかりけり。	心が正(ただ)しく見える。 心が正(ただ)しかった。
종지형	心正(ただ)し。	心が正(ただ)しい。
연체형	心正(ただ)しき人。 心正(ただ)しかる時	心の正(ただ)しい人 心が正(ただ)しい時。
이연형	心正(ただ)しけれども	心は正(ただ)しいけれども
명령형	心正(ただ)しかれ。	心は正(ただ)しくあれ。

※ 同じ · いみじ와 같이 어미가 [-じ]로 끝나면 [-ジク]활용을 한다.

기본형	미연형	연용형	종지형	연체형	이연형	명령형
いみじ	じく	じく	じ	じき	じけれ	
	じから	じかり		じかる		じかれ
同(おな)じ	じく	じく	じ	じき	じけれ	
	じから	じかり		じかる		じかれ

· 友とするにわろき者、七つ有り。
一つには、高く やんごとなき人。
二つには、若き人。
三つには、病なく身強き人。
四つには、酒を好む人。
五つには、たけく勇める兵。
六つには、虚言(そらごと)する人。
七つには、欲深き人。　　(徒然草 · 117段)

現代訳 友とするのに悪い者が、七つある。
一つには、身分の高く、尊い人。
二つには、若い人。
三つには、無病強健の人。
四つには、酒の好きな人。
五つには、強く勇猛な兵。
六つには、嘘をつく人。
七つには、欲の深い人。

연습문제

(1) 다음 형용사 활용표를 완성하시오.

활용의 종류		어간	미연형	연용형	종지형	연체형	이연형	명령형
( )활용	明(あか)し	明(あか)						○
					○		○	
( )활용	苦(くる)し	苦(くる)						○
					○		○	
( )활용	同(おな)じ	同(おな)						○
					○		○	

(2) 다음 문장에서 형용사를 찾아 밑줄을 긋고, 활용의 종류와 활용형을 쓰시오.

① 日 暮れて 道 遠し。

現代訳 日は暮れて、道程はまだまだ遠い。

② この妻の 心 憂(う)き こと 多くて、(大和物語)

現代訳 この妻の心にはいやな所が多くて、

③ いといと あたらしかりしか。(大鏡)

現代訳 非常に 新鮮であった。

④ 君 すめば にごれる 池も なかりけり。(後拾遺集)

現代訳 君が住んだところ、にごった池もなくなったということだ。

(3) 다음 형용사들 중 ク활용에는 a, シク활용에는 b를 써넣으시오.

① あさまし (　　)　② いみじ (　　)　③ かしこし (　　)

④ めでたし (　　)　⑤ かなし (　　)　⑥ やさし (　　)

⑦ をこがまし (　　)　⑧ ありがたし (　　)　⑨ はしたなし (　　)

3. 형용동사

① 형용사는 사물의 성질이나 상태를 나타내는 단어.

(예: 静かなり、あはれなり、堂々たり)

② 활용하는 자립어(用言)

③ 기본형(종지형)이 「--ナリ」「--タリ」로 끝난다.

가) 형용동사 활용의 종류

ナリ활용과 タリ활용 2가지이다.

활용의 종류	기본형	어간	미연형	**연용형**	종지형	연체형	이연형	명령형
ナリ활용	静かなり	静か	なら	**なり**	なり	なる	なれ	なれ
				に				
タリ활용	堂々たり	堂々	たら	**たり**	たり	たる	たれ	たれ
				と				
접속되는 형태			ず	**てぎ**	言い 切る	もの べし	ども	

나) 형용동사의 음편

음편의 종류	활용의 종류/ 활용형	음편된 형태
撥音便	ナリ활용/ 연체형	· 静かなるなり → 静かなんなり · あやしげなるめり → あやしげなんめり

※ 형용동사의 ナリ활용/ 연체형에「なり」「めり」가 접속 될 때,「ん」을 생략할 경우도 있다.

· 静かなるなり → 静かなんなり → 静かななり
· あやしげなるめり → あやしげなんめり → あやしげなめり

다) ナリ활용과 タリ활용의 구분법

· ナリ활용 → 종지형이「なり」
· タリ활용 → 종지형이「たり」
※ タリ활용의 어간은 漢語로 그 수가 많지 않다.

① ナリ활용 형용동사

あてなり、あはれなり、うららかなり、かすかなり、清らなり、きらびやかなり、こまやかなり、つれづれなり、わびしげなり、をかしげなり、暖(あたた)かなり、細(こま)やかなり、急(きふ)なり、愉快(ゆかい)なり 등등…

활용형	ナリ활용	현대어 역
미연형	風 静かならず。	風が 静かでない。
연용형	風 静かなりき。 風 静かに	風が 静かだった。 風が 静かに
종지형	風 静かなり。	風が 静かだ。
연체형	風 静かなる 時	風が 静かな 時
이연형	風 静かなれば	風が 静かだから
명령형	風 静かなれ。	風よ、静かであれ。

② タリ활용 형용동사

惨たり、茫然たり、営々たり、漫々たり、騒然たり、策々たり、決然たり、遅々たり、片々たり 등등...

활용형	タリ활용	현대어 역
미연형	姿 堂々たらず	姿は 堂々としていない。
연용형	姿 堂々たりけり。 姿 堂々と	姿が 堂々としていた。 姿が 堂々と
종지형	姿 堂々たり。	姿が 堂々としている。
연체형	姿 堂々たる 人	姿が 堂々としている 人
이연형	姿 堂々たれども	姿は 堂々としているけれども
명령형	姿 堂々たれ。	姿は 堂々としていなさい。

· 清海が関うち過ぎて、
富士の裾野になりぬれば、
北には青山峨々として、
松吹く風索々たり。
南には蒼海漫々として、
岸打つ浪も茫々たり。　(平家物語 · 巻10)

現代訳　清海が関を過ぎて、
富士の裾野にさしかかると、
北には青山がけわしくそびえ立ち、
松を吹き渡る風もものさびしい。
南には清海原が広々と水をたたえ、
岸に打ち寄せる浪も
はるばると果てしがない。

연습문제

⑴ 다음 형용사 활용표를 완성하시오.

활용의 종류		어간	미연형	연용형	종지형	연체형	이연형	명령형
( )활용	こまやかなり	こまやか						
( )활용	朗々(ろうろう)たり	朗々(ろうろう)						
( )활용	静かなり	静か						
( )활용	堂々(どうどう)たり	堂々(どうどう)						

⑵ 다음 문장에서 형용동사를 찾아 밑줄을 긋고, 활용의 종류와 활용형을 쓰시오.

① この児のかたちきよらなること世になく、(竹取物語)

現代訳 この赤児の姿のきよらかで美しいことは、この世にくらべるものもないくらいで、

② 南には蒼海漫々(まんまん)として、岸打つ波も茫々(ぼうぼう)たり。(平家物語)

現代訳 南には蒼い海が遠くひろびろとして、岸を打つ波もはるばると続いている。

⑶ 다음 문장 중 음편을 포함한 문절에 밑줄을 긋고, 그 원형을 쓰시오.

① 三寸ばかりなる人、いとうつくしうてゐたり。(竹取物語)

現代訳 三寸ぐらいの人が、たいそうかわいらしい姿ですわっていた。

② まいて、験者(げんざ)などはいと苦しげなんめり。(枕草子)

現代訳　まして、験者などはたいそう苦しげであるようだ。

③ 七月ばかりに風いたう吹きて雨などさわがしき日、(枕草子)

現代訳　七月ごろに風が激しく吹いて雨なども騒がしい日に、

④ げにこそいと類(たぐひ)なげなんめる御有様を、(源氏物語)

現代訳　いかにも類のないように思われる(姫君の)ご悲嘆を、

⑤ 肝魂(きもだましい)を失って、四方へみな退散す。(平家物語)

現代訳　肝をつぶして、四方へ皆逃げ去った。

Ⅲ- 감동사와 접속사

① 활용을 하지 않는 자립어.
② 단독으로 사용가능.
③ 독립문절만으로 이루어진 단어.

1) 감동사의 종류

① 감동의 뜻을 나타냄 – あはれ、すは、あな、あつぱれ

· **あな** めでたや。この獅子(しし)の 立ちやう、いと めづらし。(徒然草 · 236段)

現代訳 ああ、なんという結構(けっこう)なことだろう。この獅子の立ち方は実に珍しい。

· **あはれ**、うれしき事かな。

現代訳 ああ、うれしい事だなあ。

② 呼びかけ- いかに、いざ、いで、なう

· **いさ**、ゆきて見てこん。

現代訳 さあ、行って見て来よう。

· **いざ**、かいもちひ せむ。(宇治拾遺物語 · 巻一)

現代訳 さあ、みんな、ぼたもちを作ろう。

· 袖 ふれて **いざや** 舞を 舞はうよ。(謠曲 · 安宅)

現代訳 袖がふれあうようにして、さあ、舞を舞おうよ。

※「いさ」와 「いざ」의 차이점

❶「いさ」- 대답을 하기 전에 우선 하는 말, 또는 부사 「いさ」는 부정과 호응 관계를 이룬다.

(예: 人はいさ心も知らず (古今和歌集)

現代訳 人の心は(変りやすいものだから) さあ、どうだかわかりません。)

❷「いざ」- 권유나 어떤 일을 하려는 마음의 준비가 되었을 때 나오는 말.

예: いざ 入り給へ。(雨月物語)

現代訳 さあ お入りなさい。)

③ 응답– いな、いや、いさ、おう 등이 있다.

· いや 疑ひは 人間に あり。天に 偽(いつは)り なきものを。(謠曲 · 羽衣)

現代訳 いいえ、疑う心というものは人間界にはありますが、天界に嘘、偽りはありません。

·「ここにおはするかぐや姫は、
重き病(やまひ)をし給へば、え出(い)でおはしますまじ」
と申せば その返事はなくて、
屋の上に飛車を寄せて
「いざ、かぐや姫。
穢(きたな)き所にいかでか久しくおはせむ」と言ふ。(竹取物語 · 昇天)

現代訳 「ここにいらっしゃるかぐや姫は、

重い病気でございますので、とてもお出ましにはなれません」
と申し上げるとそれに対する返事はなく、
屋根の上に飛車を寄せて、
「さあ、かぐや姫よ。
けがれている所にどうして長くいらっしゃることがありましょう」と言う。

2) 접속사

단어와 단어, 구와 구, 절과 절, 문장과 문장 등을 연결할 때 쓰는 말을 접속사라고 한다. 그 연결 방식에 따라 크게 3가지, 6종류로 나뉜다.

① 조건 접속 – 주로 문장의 처음에 사용된다.

❶ 순접 (-이기 때문에, -이어서) 앞에서 서술한 내용을 조건으로 당연히 예상되는 결과를 나타낼 때.

· みさごは 荒磯(ありそ)に 居(ゐ)る。**すなわち** 人を 恐るるが 故なり。(方丈記 · 閑居の気味)

現代訳 みさごは 岩の多い海岸に住む。それは人を恐れているためである。

❷ 역접 (하지만, 그러나, ~라고 하더라도) 앞의 서술 내용을 조건으로 유추할 수 없는 예상 밖의 결과를 나타낼 때.

· 川中へ 落ちぬ。**されども** ちっとも 水にも おぼれず。(平家物語 · 巻五)

現代訳 川の中へ落ちた。しかし、ちっとも水にもおぼれなかった。

② 대등 접속 – 주로 문장 안에서 사용된다.

❶ 병렬/ 첨가 (~ 및, 또한, 또, 게다가) 같은 자격을 나열하거나, 또는 첨가할 사항을 나타낼 때.

· 朱雀院(すざくゐん) **ならびに** 村上の 御をぢに おはします。(大鏡 · 基経)

現代訳 朱雀院 および 村上天皇のおじさまで、いらっしゃいます。

❷ 선택/비교 (한편, 혹은) 선택하거나, 비교하는 것을 나타낼 때.

· 貧賤の 報いの みづから 悩ますか、**はたまた** 妄心の いたりて 狂はせるか。(方丈記 · 終章)

現代訳 貧賤という前世の報いが自分から自分の心を苦しめるのか。あるいはまた、迷いの心がせっぱ詰まって心を狂わしているのだろうか。

③ 그 이외의 접속 – 주로 문장의 시작 부분에 사용.

❶ 보족 - (단, 다만) 앞의 서술 내용의 범위나 한도를 보충할 때.

· 仰(おほ)せの ことは いとも 尊し。**ただし**、この玉 たはやすく え 取らじを。(竹取物語 · 竜の頚の玉)

現代訳 ご命令はまったく尊重すべきことと存じます。ただし、この玉は簡単には取ることができぬものですが...

❷ 전환 - (자, 무릇, 대저, 도대체) 앞에 서술한 내용과는 다른 이야기를 시작할 때

· **さて**、ほどへて 宮づかへする 人なりければ、(伊勢物語 · 20段)

現代訳 さて(その後)、しばらくして、(男は)宮仕えをする人であったので、

· ゆく河の流れは絶えずして、
しかももとの水にあらず。
よどみに浮かぶうたかたは、
かつ消えかつ結びて、
久しくとどまりたるためしなし。
世の中にある、人とすみかと
またかくのごとし。(方丈記)

現代訳 川を流れゆく水は絶えることはないが、
それでいて同じ水ではない。
水のよどんだ所に浮かぶ水の泡は、
消えてはでき、できては消えて、
長いこと同じ状態でいた例はない。
世の中にある人も住みかも
またこのようである。

4. 조동사

조동사는 동사에 접속되어 그 의미에 따라 [**자발/가능/존경/수동, 사역, 부정, (과거)회상, 완료, 추량, 부정의 추량, 희망, 전문/추정, 단정, 비황**] 등을 나타낸다.

조동사는 문장 안의 동사에 접속되어 어떤 역할을 하는지 3가지 관점에서 분류할 수 있다.

① 의미 – 동사에 접속하여 문장 안에서 어떤 의미를 나타내는가?
② 접속 – 동사에 접속 될 때, 어떤 형태에 접속되는가?
③ 활용은 어떻게 되는가?

가) 의미에 의한 분류

의미	조동사
자발	る·らる
가능	る·らる
수동	る·らる
존경	る·らる·す·さす·しむ
사역	す·さす·しむ
부정	ず
회상(과거)	き·けり
완료	つ·ぬ·たり·り
추량	む·むず·けむ·らむ·らし·べし·まし·めり
부정의 추량	まじ·じ

희망	たし·まほし
전문/추정	なり
단정	なり·たり
비황	ごとし

나) 접속에 의한 분류

접속	조동사
미연형에 접속	る·らる·す·さす·しむ·ず·む·むず·まし·じ·まほし· り(サ変활용의 미연형에만 접속!!)
연용형에 접속	き·けり·つ·ぬ·たり(완료)·けむ·たし
종지형에 접속	らむ·らし·めり·べし·まじ·なり(전문) ※ 위의 조동사들은 **ラ変활용동사에는 연체형**에 접속!
연체형에 접속	なり(단정)·ごとし
명령(이연)형에 접속	り(4段활용동사에 만 접속!!)
체언/조사에 접속	たり(단정)·なり(단정)·ごとし

다) 활용 형식에 의한 분류

활용 형식		조동사의 종류
동사형	4段활용형	む·けむ·らむ
	下2段활용형	る·らる·す·さす·しむ·つ
	サ変활용형	むず
	ナ変활용형	ぬ
	ラ変활용형	けり·たり(완료)·り·めり·なり(전문)

형용사형	ク활용형	べし·たし·ごとし
	シク활용형	まじ·まほし·
형용동사형	ナリ활용형	なり(단정)
	タリ활용형	たり(단정)
특수형		ず·き·まし·らし·じ

라) 조동사의 각 활용방법

(1) 자발/ 가능의 조동사 (る·らる)

· 활용과 접속 -「る」「らる」는 下2段형 활용.

활용형	미연형	연용형	종지형	연체형	이연형	명령형	접속
る	れ	れ	る	るる	るれ		4段·ナ変·ラ変의 미연형에 접속
らる	られ	られ	らる	らるる	らるれ		위의 동사 이외의 동사의 미연형에 접속

의 미

❶ 자발 (자연스럽게 ~가 되다. ~되다.)

· 今日は 都のみぞ 思ひやらるる。(土佐日記 · 一月一日)

現代訳 今日は都のことばかりが**しぜんと思い出される**。

· いにしへの 事も 立ちかへり 恋しう 思ひいでらる。(徒然草 · 19段)

現代訳 昔のことも、あのころに立ち返って、**ついつい恋しく思い出される**。

❷ 가능 (~할 수 있다. ~가능하다.)

· 冬には いかなる 所にも 住まる。(徒然草 · 55段)

現代訳 冬はどんな所にでも住むことができる。

· 変はりゆく かたち ありさま 目も あてられぬ こと 多かり。(方丈記 · 飢渇)

現代訳 変わりゆく姿かたち(の無惨(むざん)さ)は、見ることもできないほどのことが多い。

(2) 수동/ 존경의 조동사 (る · らる)

· 활용과 접속 -「る」「らる」는 下2段형 활용.

활용형	미연형	연용형	종지형	연체형	이연형	명령형	접속
る	れ	れ	る	るる	るれ	れよ	4段·ナ変·ラ変의 미연형에 접속
らる	られ	られ	らる	らるる	らるれ	られよ	위의 동사 이외의 동사의 미연형에 접속

의 미

❶ 수동 - 외부로부터 어떤 행위를 당하게 되는.

· そこに 招かれて 行者堂(ぎやうじやだう)を 拝(はい)す。(奥の細道 · 黒羽)

現代訳 その寺に招かれて 行者堂を 拝(おが)んだ。

· 硯(すずり)に 髪の入りてすられたる。(枕草子 · 28段)

現代訳 硯に 髪の毛が 入ってすられたの(不愉快だ)。

❷ 존경 - (~하시다.)

· かの 大納言は いづれの 船にか 乗らるべき。(大鏡 · 公任)

現代訳 あの大納言は どの船に お乗りになるのだろう。

· 大井の 土民に 仰せて 水車を 作らせられけり。(徒然草 · 51段)

現代訳 大井川沿いの住民に命じて、水車をお作らせになった。

(3) 존경/ 사역의 조동사 (す · さす · しむ)

· 활용과 접속 -「す」「さす」「しむ」는 下2段형 활용.

활용형	미연형	연용형	종지형	연체형	이연형	명령형	접속
す	せ	せ	す	する	すれ	せよ	4段·ナ変·ラ変의 미연형에 접속
さす	させ	させ	さす	さする	さすれ	させよ	위의 동사 이외의 동사의 미연형에 접속
しむ	しめ	しめ	しむ	しむる	しむれ	しめよ	용언의 미연형。

※ 용언이란? 활용하는 자립어를 말한다。(동사, 형용사, 형용동사)

의 미

❶ 존경 - (~하시다)

· 殿は なににか ならせたまひける。(枕草子 · すさまじきもの)

現代訳 ご主人様は今度はどこの国に任官されましたか。

· まさな事 せさせ給ひしを 忘れ給はて、(徒然草 · 176段)

現代訳 ままごとをなさった事をお忘れにならずに、

· 宣旨(せんじ) 下さしめたまへり。(大鏡 · 時平)

現代訳 勅令をお下しになった。

❷ 사역 - (~시키다)

· 妻(め)の 嫗(おうな)に 預けて 養はす。(竹取物語 · 生いたち)

現代訳 妻であるばあさんにあずけて育てさせる。

· 月の 都の 人 まうで来は 捕らへさせむ。(竹取物語 · 昇天)

現代訳 月の都の人たちがやって来たら捕らえさせよう。

· 何に よりてか 目を 喜ばしむる。(方丈記 · ゆく河)

現代訳 どういうわけで目を喜ばせるのか。

연습문제

(1) 조동사 부분에 동그라미를 치시오.

① 走らる ② 仰せらる ③ 歩かす

④ 投げさす　　⑤ 言はしむ　　⑥ 使はる

(2) 조동사 부분에 동그라미를 치고, 낱말의 뜻을 쓰시오.

① 思ひやらる(自発)　　② 思はれず(可能)

③ 思はる (受身)　　④ 思しめさる(尊敬)

⑤ 笑はせ給ふ(尊敬)　　⑥ 作らしむ(使役)

(4) 회상(과거)의 조동사 (き · けり)

회상의 조동사 혹은 과거의 조동사로 불리며, 과거 사실에 대한 회상을 나타낸다.

❶ き(특수형 활용)

의미: 직접적 체험의 회상, 옛날 자신이 직접 체험했던 것을 회상하는 표현. (~했다)

활용형	미연형	연용형	종지형	연체형	이연형	명령형
き	(せ)		き	し	しか	
접속의 형태	활용형의 연용형에 접속, [カ変·サ変동사] 경우는 미연형에도 접속된다。					

· 聞きしにも 過ぎて 尊くこそ おはしけれ。(徒然草 · 52段)

現代訳 かねてから聞いていたのにもまさって、まことに尊い様子でいらっしゃった。

❷ けり (ラ変형 활용)

활용형	미연형	연용형	종지형	연체형	이연형	명령형
けり	(けら)		けり	ける	けれ	
접속의 형태	활용형의 연용형에 접속。					

(가) 간접체험의 회상 – **과거의 일로 다른 사람에게 전해 들어 알았던 것을 회상**하는 뜻. (~라고 한다. ~라고 하는)

· 昔、男 あり**けり**。東の 五条わたりに いと 忍びて いき**けり**。(伊勢物語 · 五段)

現代訳 昔、男がいたそうだ。東の五条の辺に住む女のもとに、たいそうこっそりと訪ねていったという。

(나) 영탄 – 어떤 일이 떠올라 그 당시 일이 생생히 기억난다는 뜻. 대부분 和歌에 많이 등장하는 용법이다. (~였지. ~였던 것이지)

· 心なき 身にも あはれは 知られけり。(新古今集 · 秋上)

現代訳 出家して世を捨てたこの身にも しみじみとした情趣が感じられるものだなあ。

· ゆく 水に 数 かくよりも はかなきは 思はぬ 人を おもふなりけり (伊勢物語 · 五〇段)

現代訳 流れゆく水に数を書き留めることよりもはかないのは愛してくれぬ人を慕うことですよねえ。

※「き」와「けり」의 차이
체험회상의「き」--- 직접체험의 회상
전문회상의「けり」-- 간접체험의 회상
갑자기 눈치 챈「けり」-- 갑자기 눈치 채어 영탄을 하는 것.

(5) 완료의 조동사 (つ・ぬ・たり・り)

기본적으로 완료란 동작이 끝나버렸다는 의미이지만,「つ・ぬ」와「たり・り」의 의미의 차이는 있다.

・「つ・ぬ」는 기본적으로는 동작이 완전히 종료 된 것을 의미한다.
・「たり・り」는 기본적으로는 동작이 완전히 종료 된 이후의 상태나 그 존속을 나타낸다.

❶「つ」・「ぬ」

활용「つ」는 (下2단형),「ぬ」는 (ナ변형)

활용형	미연형	연용형	종지형	연체형	이연형	명령형	접속
つ	て	て	つ	つる	つれ	てよ	활용어의 연용형에 접속
ぬ	な	に	ぬ	ぬる	ぬれ	ね	활용어의 연용형에 접속

의 미

㉠ 완료 - 동작의 완료를 의미. (~다, ~해버렸다, ~해버리다)

· 雀の 子を 犬君が 逃がしつる. (源氏物語 · 若紫)

現代訳 雀の子を犬君が逃がしてしまったの。

· かくて 今日 暮れぬ。(土佐日記 · 二月三日)

現代訳 こうして今日は暮れてしまった。

㉡ 확인/ 강조 – 어떤 일을 확실히 그렇다고 서술하는 것. 이 경우 대개는 뒷 문장에 [む · らむ · べし · まし] 등의 조동사가 호응을 이룬다. (분명히 ~, 확실히 ~)

· わが 振る 袖を 妹 見つらむか (万葉集 · 巻二)

現代訳 私が振る袖を妻はきっと見たことであろうか。

· 黒き 雲 にはかに 出で来ぬ。風 吹きぬべし。(土佐日記 · 一月十七日)

現代訳 黒い雲が急に出てきた。きっと風が吹くであろう。

※ [出で来ぬ]의 [ぬ]는 완료, [吹きぬべし]의 [ぬ]는 [べし]가 접속되어 강조의 뜻을 나타낸다.

㉢ 나열 – 현대일본어에서는 (~하기도하고, ~하기도 하다)에 해당하는 의미이다.

· 乗つてはおりつ、おりては 乗つつ、(平家物語 · 巻三)

現代訳 乗ってはおり、おりては乗ったりして、

・浮きぬ 沈みぬ 揺られければ、(平家物語・巻十一)

現代訳 浮いたり沈んだりして揺られたので、

⁂「にけり」・「てけり」

① 완료의 [つ·ぬ]의 연용형에 회상의 [けり]가 접속 된 복합조동사.
[~해 버렸다고 하는] 등의 회상의 의미를 강조한다.

・よしなき 人に 語りてけり。(宇治拾遺物語)

現代訳 つまらない人に話してしまった。

② 완료의 [つ·ぬ]의 연용형에 영탄의 [けり]가 접속 된 복합조동사. [~였었지...]와 같은 영탄의 기분을 나타낸다.]

・時世 へて 久しく なりにければ その 人の 名 忘れにけり。(伊勢物語・八十二段)

現代訳 長い年月が経過したものだから、その人の名前も忘れてしまったなあ。

❷「たり」・「り」

활용(ラ변형)

활용형	미연형	연용형	종지형	연체형	이연형	명령형	접속
たり	たら	たり	たり	たる	たれ	たれ	활용어의 연용형에 접속

り	ら	り	り	る	れ	れ	4段동사의 명령형에 접속。(サ変동사 일 경우 미연형에 접속。)

의 미

㉠ 완료 – 동작이 끝난 결과가 실현된 상태를 의미. (~했다, ~해 버렸다, ~해 버렸다)

· やがて 続いて うち入れたり。(平家物語 · 巻九)

現代訳 すぐに続いて(馬を)乗り入れた。

· よろづの 言(こと)の葉(は)とぞ なれりける。(古今集 · 仮名序)

現代訳 いろいろな和歌となったのだ。

㉡ 존속 – 동작이 그대로 계속되는 상태를 의미.(~하고 있다, ~(해)져 있다.)

· 浅くて 流れたる 遙かに 涼し。(徒然草 · 五十五段)

現代訳 浅くて流れているほうが、ずっと涼しい。

· 雪 いと 白う 降れり。(伊勢物語 · 九段)

現代訳 雪がたいそう白く降っている。

연습문제

(1) 조동사에 ○ 하시오.

① 走りけり　　② 昔ありし家

③ 終はりぬ　　④ 笑ひたる男

(2) 다음 문장을 현대어로 고치시오.

① 花咲きたり。(완료)

→

② 赤く咲きたる花あり。(존속)

→

③ 風吹きぬべし。(강조)

→

④ ここに都ありき。(회상)

→

(3) 각 문장의 밑줄 친 조동사를 예와 같이 문법적으로 설명하시오.

> 例) 昔、男ありけり。
> ⇨ 회상의 조동사 [けり]의 종지형

① みなとりどりにこそありしかども、(平家物語)

⇨

② はやく散り過ぎにければ、(徒然草)

⇨

③ 金(こがね)ある竹を見付くること重なりぬ。

⇨

(6) 추량의 조동사 (む·むず·けむ·らむ·らし·べし·まし·めり)

· 추량에도 그 정도와 표현방식이 여러 가지 있다.

· 고어(文語)에서는 **추량의 근거가 약한 것은** [**추량**], **그 근거가 강한 것은** [**추정**]이라고 한다.

· 또한, [단정]을 피해 일부러 추량과 같은 표현을 사용하는 것을 [완곡]이라고 한다.

여러 가지 용법과 조동사가 있지만 대표적인 것은 다음의 8가지이다.

❶ [む·むず]- 아직 일어나지 않은 사건으로부터 추량--- 추량

❷ [けむ] - 과거 사실에 관한 추량------------ 과거추량

❸ [らむ] - 현재 사실에 관한 추량------------ 현재추량

❹ [らし] - 확실한 근거에 준한 추정------------ 추정

❺ [べし] - 어떠한 근거에 준해 확신을 갖고 행하는 추정-- 추정

❻ [まし] - 사실에 반한 것을 전재로 한 상상--- 현실이 아닌 가상

❼ [めり] - 눈 앞의 사실을 완곡하게 표현 -------- 완곡표현

활용은 다음과 같다.

❶ [む·むず] 아직 일어나지 않은 사건으로부터 추량--- 추량

활용「む」는 (4段형),「むず」는 (サ변형)

활용형	미연형	연용형	종지형	연체형	이연형	명령형	접속
む (ん)	(ま)		む (ん)	む (ん)	め		활용어의 미연형에 접속
むず (んず)			むず (んず)	むずる (んずる)	むずれ (んずれ)		

의 미

㉠ 추량 - 실현되지 않은 일이나, 확실하지 않은 것의 예상을 나타낸다.(~이겠지)

· おそろしき 心 あら**む**とて (枕草子 · 虫は)

現代訳 おそろしい気性があるだろうというので

· もとの 国より 迎へに 人びと まうで来**むず**。(竹取物語 · 昇天)

現代訳 もとの国(月の国)から、私を迎えに人々がやってくるでしょう。

㉡ 의지/희망 - 어떤 일을 실현시키고자하는 생각을 나타냄. (~하려고,~하고 싶다)

· いざ こと問は**む** (伊勢物語 · 九段)

現代訳 さあ、ものをたずねよう。

· もし 人手に かからば 自害を せ**んずれ**ば (平家物語 · 巻九)

現代訳 もし人手にかかったら、その時は自害をするつもりだから

㉢ 권유/정중한 명령 - 상대에게 무엇인가 실현할 것을 권유하거나, 정중하게 명령하는 뜻을 나타냄. (~하는 것이 좋다, ~하세요)

· 法師は 人に 疎くて ありな**む**。(徒然草 · 七六段)

現代訳 法師は俗世間の人とは親しくしない**のがよい**。

· 後の 御孝養(けうやう)をこそ よくよく せさせたまは**んずれ**。(保元物語 · 中)

現代訳 後のご供養をほんとうにねんごろになさる**のがよい**。

㉣ 완곡/ 가정 - 단정을 피해 에둘러 말하는 완곡의 표현. 가정의 뜻을 나타내기도 함. (~와 같이, ~라고 한다면)

· われと 思は**ん** 人々は 高綱と組めや。(平家物語 · 巻九)

現代訳 我こそと思う**ような**人々は、この高綱と組みうちせよ。

· さる 所へ まから**むずる**も、いみじくも はべらず。(源氏物語 · 若紫)

現代訳 そんな所へまいります**ようなこと**も、すばらしいとも思いません。

㉤ 가능추량 - 이연형에 접속하여 [--め+や]의 형태로 어떤 일의 성질에 따라 그 가능성을 추량하는 동시에, 반어적인 뜻을 나타내기도 함. (~가 가능한 것일까?, 아냐, 불가능하다.)

· 立たしし 君の 御名(みな) 忘れ**め**や (万葉集 · 巻二〇)

現代訳 出ていかれたあなたのお名前を忘れる**ことができましょうか**(いや忘れることはできません。)

❷ [けむ] 과거 사실에 관한 추량------------ 과거추량

활용 (4段활용)

활용형	미연형	연용형	종지형	연체형	이연형	명령형	접속
けむ (けん)			けむ (けん)	けむ (けん)	けめ		활용형의 연용형에 접속

의 미

㉠ 과거 추량 - 과거의 일을 추량하는 뜻을 나타냄. (~했었겠지, ~했겠지)

· いかなる 所にか この 木は さぶらひ**けむ**。(竹取物語 · 蓬萊の玉の枝)

現代訳 どんな所にこの木はございました**のでしょう**。

㉡ 과거 전문(伝聞)- 이전에 전해들은 적이 있다는 뜻. (~했다고 한다, ~였다고 한다)

· 増賀(ぞうが)ひじりの 言ひ**けむ** やうに (徒然草 · 一段)

現代訳 増賀(ぞうが)上人が言っ**たとかいう**ように

㉢ 과거의 원인과 이유의 추량 - 현재상태의 원인이나 이유가 과거에 있는 것 같다는 의미를 나타냄. (~했었던 것일까)

· 徳大寺にも いかなる ゆゑか はべり**けむ**。(徒然草 · 一 段)

現代訳 徳大寺にも何か理由があっ**たのだろう**か。

㉣ 과거의 완곡 - 과거의 일에 관해 단정을 피하고 완곡적으로 표현하는 것. (~ 했다라고 하는 것 같이, ~였다고 생각된다)

· 久米の 仙人の 物 洗ふ 女の 脛(はぎ)の 白きを 見て、通(つう)を 失ひけむは (徒然草 · 八段)

現代訳 久米の 仙人が、せんたくする女の白い脛(はぎ)を見て神通力を失ったとかいうようなのは

❸ [らむ] 현재 사실에 관한 추량------------- 현재추량
활용 [4段형활용]

활용형	미연형	연용형	종지형	연체형	이연형	명령형	접속
らむ (らん)			らむ (らん)	らむ (らん)	らめ		활용형의 종지형에 접속 (ラ변격동사에는 연체형에 접속)

의 미

㉠ 현재의 추량- 확실히 그것이라 확언할 수 없어서 의심을 품는다는 뜻. (지금쯤이면 ~ 이겠지. ~하고 있겠지)

· 億良らは 今は まからむ 子 泣くらむ そを 負ふ 母も 吾を 待つらむぞ。(万葉集 · 巻三)

現代訳 私(億良)などはもうこのへんで失礼しよう。今ごろ、子どもも泣いているだろうし、その子をおんぶしている母(つまり私の妻)も私を待っているだろう。

㉡ 현재의 원인과 이유의 추량 - 원인/이유가 확실하지 않고 의심을 품고있다는 뜻.(어째서~일까. 그렇기 때문에 ~이겠지.)

· 静心なく 花の 散るらむ (古今集 · 春下)

現代訳 どうして落ち着いた心もなく花は散っていくのだろう.

㉢ 현재 전문(伝聞) -현재에 관한 일에 관해서 전해 들었다는 뜻. (~라고들 한다.)

㉣ 현재의 완곡 -현재에 관한 일에 관해서 단정을 피하고 완곡의 표현을 한다는 뜻. (~와 같은, ~이고 있는 것과 같이)

· 鸚鵡(あうむ) いとあはれなり。人の いふらむ ことを まねぶらむよ。(枕草子 · 鳥は)

現代訳 おうむはたいそうかわいい。人がしゃべるようなことをまねるとかいうことだ。

※「いふらむ」의「らむ」가 (4)현재의 완곡, [まねぶらむ]의 [らむ]가 (3)현재의 전문

❹ [らし] 확실한 근거에 준한 추정 ------------ 추정

활용(특수형활용)

활용형	미연형	연용형	종지형	연체형	이연형	명령형	접속
らし			らし	らし (らしき)	らし		활용형의 종지형에 접속 (ラ변격형에는 연체형에 접속)

의 미

㉠ 추정- 확실한 근거에 준한 추량의 의미. (~인 것 같다, ~임에 틀림없다.)

· 春 過ぎて 夏 来(きた)るらし。(万葉集 · 巻一)

現代訳 春が過ぎて いよいよ夏が来たらしい。

※ [来(きた)る]는「来」+「至る」가 합쳐져 하나의 단어가 되었다. ラ4段 활용동사.

❺ [べし] 어떠한 근거에 준해 확신을 갖고 행하는 추정-- 추정

활용(ク활용)

활용형	미연형	연용형	종지형	연체형	이연형	명령형	접속
べし	べく べから	べく べかり	べし	べき べかる	べけれ		활용형의 종지형에 접속 (ラ변격형에는 연체형에 접속)

의 미

㉠ 추량 - 확신이 강한 추량의 뜻. (분명히 ~일 것이다.)

· この いましめ 万事に わたるべし。(徒然草 · 九二段)

現代訳 この教訓は、きっと万事に通じるだろう。

㉡ 의지 - 자신의 강한 의지나 결의를 나타냄. (~할 예정이다(작정이다), ~해야지)

· この 一矢に 定むべしと 思へ。(徒然草 · 九二段)

現代訳 この一矢で絶対きめてやろうと思いなさい。

㉢ 당연/의무/필요- 그렇게 하는 것이 당연하다고 판단하는 뜻.
(~할 것임에 틀림이 없다, ~해야만 한다, ~하지 않으면 안 된다.)

· もの 一言 言ひ置くべき 事 ありけり。(竹取物語 · 昇天)

現代訳 ひとこと言っておかねばならぬことがあった。

㉣ 가능 - 당연히 그러한 일이 가능하다라는 뜻. (당연히 ~가능하다.)

· 羽 なければ 空をも 飛ぶべからず。(方丈記 · 大地震)

現代訳 羽がないので空を飛ぶこともできない。

㉤ 권유 - 당연한 일로, 또는 상대에게 있어서도 당연히 좋은 일이라는 확신을 갖고 권유 하는 뜻. (~하는 것이 좋다)

· 家の 作りやうは 夏を むねと すべし。(徒然草 · 五十五段)

現代訳 家の作り方は夏を主とするがよい。

㉥ 명령 - 권유의 의미를 한층 더 강조하는 뜻. (~하세요.)

· 西に 向かはせ給ひて 御念仏さぶらふべし。(平家物語 · 巻十一)

現代訳 西の方をお向きになって、お念仏をお唱えなさいませ。

㉦ 예정 - 그와 같은 예정이라는 뜻. (~하는 것으로 되어있다, ~할 예정이다.)

· 舟に 乗るべき 所へ 渡る。(土佐日記 · 十二月二十一日)

現代訳 舟に乗る予定になっている場所へ移る。

⓪ 가능의 추량 - 어떤 일에 관한 가능성을 추량하는 뜻. (~할 수 있겠지, ~할 것 같다.)

· 今の 世の 人の 読みぬべき ことがらとは 見えず。(徒然草 · 十四段)

現代訳 今の世の人が読むことのできそうなことばつきとは思えない。

❻ [まし] 사실에 반한 것을 전재로 한 상상---- 현실이 아닌 가상
활용(특수형)활용

활용형	미연형	연용형	종지형	연체형	이연형	명령형	접속
まし	(ませ) ましか		まし	まし	ましか		활용형의 미연형에 접속

의 미

㉠ 반실가상(反実仮想) - 사실에 반한 것을 상상해서 말한다는 뜻.
(만약에 ~한다면 ~이겠지)

· 世の中に 絶えて 櫻の なかりせば 春の 心は のどけからまし(伊勢物語 · 八十二段)

現代訳 世の中にもしも櫻が全くなかったとしたら、春を愛する人の心はどんなにかのどかであるだろうに(櫻があるばかりに、心を悩ませなくてはならぬ。)

· 夢と 知りせば さめざらましを (古今集 · 恋二)

現代訳 もし夢だと知っていたら、さめずにいたものをなあ。

㉡ 망설임의 의지/ 희망 - 결단을 내리지 못하고 계속 망설이며 그것을 희망하는 뜻. (~할까?(~하는 것이 좋을까?), 가능하다면 ~하고 싶다.)

· しや せまし せずや あらましと 思ふ。(徒然草 · 九十八段)

現代訳 してみようかしら。それともしないでおこうかしらと思う。
(実際にはまだ何もしていない。)

㉢ 추량 - 확실하지 않은 것들을 예상하여 말하는 뜻.(~겠지, ~일것이다.)

· すべき 方の なければ 知らぬに 似たりとぞ 言はまし。

現代訳 なすべき方法を知らないのだから、それは知らないのと同じだといえるだろう。

㉣ 불가능한 것에 대한 희망 - 실현 불가능한 것이지만, 그것을 희망한다는 뜻. (~했다면 ~좋았을 텐데.)

· この 木 なからましかばと おぼえしか。

現代訳 もしもこの木がなかったらよかったのにと思ったことであった。

❼ [めり] 눈앞의 사실을 완곡하게 표현 --------- 완곡표현

활용(ラ변형)

활용형	미연형	연용형	종지형	연체형	이연형	명령형	접속
めり		(めり)	めり	める	めれ		활용형의 종지형에 접속 (ラ변격형에는 연체형에 접속)

의 미

㉠ 단정의 완곡 표현 - 눈앞의 사실을 완곡하게 표현.
(~인 것 같다, ~처럼 생각된다, ~처럼 보인다.)

· 竜田川 もみぢ 乱れて 流る**めり** (古今集·秋下)

現代訳 竜田川のもみじは散り乱れて流れている**ようだ**。

· ひとときは 心も 浮きたつ ものは 春の けしきにこそ **あめれ**。(徒然草·十九段)

現代訳 一段と心も浮き立つのは、春のけしきである**ように思われる**。

(7) 전문/추정의 조동사 (なり)

활용(ラ변형)

활용형	미연형	연용형	종지형	연체형	이연형	명령형	접속
なり		なり	なり	なる	なれ		활용형의 종지형에 접속 (ラ변격형에는 연체형에 접속)

의 미

㉠ 전문 - 타인으로부터 전해 들었다는 뜻. (~라고 한다, ~라 한다, ~라고 들었다.)

· 男も **すなる** 日記と いふ ものを 女も してみむとて するなり。(土佐日記 · 発端)

現代訳 男も書く**と聞いている**日記というものを、女のわたしもやってみようと思って書くのである。

⁂「すなる」의「なる」는「日記」를 수식하는 전문의 조동사의 연체형.「するなり」의「なり」는 단정의 조동사「なり」.

㉡ 추정 - 소리나 사람의 목소리 등에 의해 추정한다는 뜻.
(~인 것 같다, ~와 같이 들린다, ~와 같다.)

· 淀川に 鴨ぞ 鳴く**なる**。(万葉集 · 巻三)

現代訳 川のよどみで鴨が鳴いている**ようだ**。

연습문제

(1) 조동사에 ○하시오.

① 花咲くらむ ② 花咲きけむ
③ 花咲かむ ④ 花ぞ咲くめる

(2) 괄호 안의 지시대로 각 문장을 현대어역 하시오.

① 雨降らむ。(추량)

⇒

② 我行かむ。(의지)

⇒

③ 花散りけむ。(과거추량)

⇒

④ 今日のうちにすべきことあり。(당연)

⇒

⑤ 嘘と知りせば頼まざらましを。(反実仮想)

⇒

⑥ 雪とけて川を流るめり。(완곡의 추량)

⇒

⑦ 夜も明けはてぬなり。(추정)

⇒

(8) 부정의 추량을 나타내는 조동사 (じ · まじ)

❶ じ

활용(특수형)

활용형	미연형	연용형	종지형	연체형	이연형	명령형	접속
じ			じ	(じ)	(じ)		활용형의 미연형에 접속

의 미

㉠ 부정의 추량 - 어떤 일이 사실이 아닐 것 이라는 추량의 뜻.
(~하지 않겠지, ~가 아닐 것이다.)

· 劣り 優りは よも あらじ。(平家物語 · 巻四)

現代訳 優劣はまさかあるまい。

㉡ 부정의 의지 - 어떤 일이 실현되지 않을 것을 희망하는 뜻.
(~하지 않을 예정이다, ~하지 않을 것이다, ~하지 않도록 하자, ~하고 싶지 않다.)

· 打たれじと 用意して (枕草子 · 一月一日は)

現代訳 打たれないようにしようと用心して

❷ まじ

활용 [シク활용형]

활용형	미연형	연용형	종지형	연체형	이연형	명령형	접속
まじ	まじく まじから	まじく まじかり	まじ	まじき まじかる	まじけれ		활용형의 종지형에 접속 (ラ변격형에는 연체형에 접속)

의 미

㉠ 부정의 추량 - 어떤 일이 실현되지 않을 것을 상당한 확신을 갖고 추량하는 뜻. (우선 ~ 가 아니겠지, ~하지 않을 작정이다.)

· その人ならば **苦しかるまじ**。(平家物語 · 巻七)

現代訳 そのお方ならば**まず**差し支え**ないだろう**。

㉡ 부정의 의지 - 어떤 일이 실현되지 않을 것을 상당한 확신을 갖고 바란다는 뜻. (~하지 않을 것이다, 분명히(확실히)~하지 않을 것이다.)

· なほ 仕うまつる**まじき** ことを 参りて 申さむ。(竹取物語 · 帝の求婚)

現代訳 宮仕えし**ないつもりだ**ということを、参上して申し上げよう。

㉢ 부정의 당연 - 어떤 일을 확신을 갖고 부정하는 뜻. (~할 리가 없다.)

· さる 人 ある**まじけれ**ば つゆ たがはざらむと 居たらむは
(徒然草 · 一二段)

現代訳 そのような人はいる**はずがない**から、少しでも相手の心に違わないようにしようと向かい合って座っているのは

㉣ 금지/부적당 - 부적당하고 그만두는 것이 좋다는 확신을 나타내는 뜻. (~가 아닌 편이 좋다, ~여서는 안 된다.)

· 妻(め)といふ ものこそ 男(をとこ)の もつまじき ものなれ。(徒然草 · 一九〇段)

現代訳 妻というものこそ、男が持ってはならないものである。

㉤ 불가능한 추량의 뜻 (~될 것 같지도 않다, ~할 수 없지 않겠나)

· かぐや姫は 重き 病を したまへば え 出でおはしますまじ。(竹取物語 · 昇天)

現代訳 かぐや姫は、重い病気にかかっていらっしゃるので、外にはおいでになれないでしょう。

· うちとくまじき もの、あしと 人に 言はるる 人。(枕草子 · うちとくまじきもの)

現代訳 気が許せそうにもないもの、(それは)悪いと人から言われる人。

(9) 희망의 조동사 (たし · まほし)

[たし] · [まほし]

활용 – [たし]는 [ク활용], [まほし]는 [シク활용]

활용형	미연형	연용형	종지형	연체형	이연형	명령형	접속
たし	たく たから	たく たかり	たし	たき たかる	たけれ		동사/조동사(る·らる·す·さす)의 연용현에 접속
まほし	まほしく まほしから	まほしく まほしかり	まほし	まほしき まほしかる	まほしけれ		동사/조동사(す·さす·ぬ)의 미연형에 접속

의 미

㉠ 원망(願望) - 자신이 원하고 있다는 뜻. (~하고 싶다, ~해줬으면 좋겠다.)

· 家に ありたき 木は 松 さくら。(徒然草 · 一三九段)

現代訳 家に植えておきたい木は松､櫻。

· 世に すぐれたる 誉(ほまれ)も 残さまほしきを (徒然草 · 三八段)

現代訳 世間一般よりもすぐれているという名声をも､後世に残したいものであるが

(10) 부정의 조동사 (ず)

활용 [특수형] 활용

활용형	미연형	연용형	종지형	연체형	이연형	명령형	접속
ず	(な)	(に)		ぬ	ね		활용형의 미연형에 접속
	ず	ず	ず				
	ざら	ざり		ざる	ざれ	ざれ	

의 미

㉠ 부정 - 동작이나 상태 등을 부정하는 뜻.(~아니다, ~하지 않는다, ~가 아니다)
· 馬の 毛も 鎧(よろひ)の 色も さだかならず。(平家物語 · 巻九)

現代訳 馬の毛色も鎧の色もはっきりわからない。

· 開けて 出(い)で入る ところ 閉(た)てぬ 人 いとにくし。(枕草子 · にくきもの)

現代訳 開けて出入りする所を閉めない人は、ひどくにくらしい。

(11) 단정의 조동사(なり・たり)

활용 [なり]는 [ナリ활용형], [たり] 는 [たり활용형]

활용형	미연형	연용형	종지형	연체형	이연형	명령형	접속
なり	なら	なり に	なり	なる	なれ	なれ	체언/활용어의 연체형에 접속
たり	たら	たり と	たり	たる	たれ	たれ	체언에 접속

의 미

㉠ 단정 - 확실히 판단하는 뜻. (~이다)

・ 敵は 大勢**なり**。(平家物語・ 巻四)

現代訳 敵は大勢である。

・ さながら 捨つべき**なり**。(徒然草・五九段)

現代訳 そっくりそのまま捨てるべきである。

・ 兄人(せうと)**たる** 人 外より 来たりて (蜻蛉日記)

現代訳 兄である人が外からやってきて

· 清盛、嫡男(ちゃくなん)たるによって その 跡を 継ぐ。(平家物語 · 巻一)

現代訳 清盛は、長男であることによって、その跡をつぐ

㉡ 존재 -「なり」는 존재의 뜻. (~이다 , ~에 있는)

· 駿河(するが)なる 宇津(うつ)の 山べの うつつにも 夢にも 人に あはぬなりけり (伊勢物語 · 9段)

現代訳 駿河にある宇津(うつ)の山べに来てみると、ものさびしくて人けもない。現実にはもとより、もはや夢の中にもあなたにあえませんでしたよ。

⁂「あはぬなりけり」의「なり」는 단정.

(12) 비황(比況)의 조동사 (ごとし)

활용 [ク활용형]

활용형	미연형	연용형	종지형	연체형	이연형	명령형	접속
ごとし	ごとく	ごとく	ごとし	ごとき			체언/용언의 연체형, 조사의 [の][が]에 접속

의 미

㉠ 비황 - 다른 것에 예를 들어 그것과 닮았다는 뜻. (마치 ~ 와 같다)

・ 木の下闇(やみ) 茂りあひて 夜 行くがごとし。(奥の細道・最上の圧)

現代訳 木の下はうす暗いほど枝葉が茂り合って、まるで夜道を行くようである。

㉡ 예시 - 닮은 것을 예로 든다는 뜻. (예를 들어 ~ 등, ~와 같은)

・ 楊貴妃のごときは あまりに 時めきすぎて 悪しき こと あり。(大鏡・道長上)

現代訳 たとえば楊貴妃などは、あまりに(皇帝の)愛情を受けすぎて、かえってつらいことがあった。

㉢ 동등 - 어떤 것이 다른 것과 같다고 판단하는 뜻. (~와 같다, ~한 대로이다)

・ 六日、きのふのごとし。(土佐日記・一月六日)

現代訳 六日、昨日と同じである

5. 조사

문장 안에서 조사의 여할은 크게 2가지로 나눌 수 있다.
첫째 관계를 나타내고, 둘째는 의미를 첨가하는 역할을 한다.

文語조사의 주요 의미와 용법

종류	조사	주요의미와 용법	주된 접속
격조사	が	주문절 연체수식문절	체언/ 연체형에 접속
	の		
	に	시간/ 장소/귀착점 동작의 대상/ 상대 변화의 결과 비교의 기준	
	を	동작의 대상/ 목적 이동기점 경과하는 장소/때	
	へ	동작의 방향	
	と	동작의 무리 변화의 결과 나열·인용·비교의 기준	
	より	동작의 기점 방법·수단 비교의 기준 경유하는 장소	
	から	동작의 기점 원인·이유	
	にて	수단·방법 시간·장소	
	して	방법·수단 동작의 무리	
접속조사	ば	순접 가정조건 ① 순접 확정조건 ② (필연적조건 우연적조건 원인 ②이유)	① 미연형 ② 이연형
	とも	역접 가정조건	종지형
	ど ども	역접 확정조건 예상과 반대되는 일이 일어남	이연형
	て	순접·역접 확정조건 단순한 접속	이연형
	で	부정의 접속	미연형
	して	단순 접속	연용형

종류	조사	주요의미와 용법	주된 접속
접속조사	ながら	계속 · 2개의 동작의 평행/ 역접	연용형
	つつ	2개의 동작의 평행 동작의 반복·계속	
	が	역접 확정조건 단순접속	연체형
	に を	순접·역접 확정조건	
	ものの ものを ものから ものゆゑ	역접 확정조건	
계조사	は	강조	다양한 단어에 접속
	も	나열 같은 종류의 일을 하나 예로 듦	
	ぞ なむ(なん)	강조	
	や(やは) か(かは)	의문 반어	
	こそ	강조	
부조사	だに すら(そら)	정도가 가벼운 것을 예로 들어, 그 보다 중요한 것이 있다는 것을 나타냄 최소한의 한정	다양한 단어에 접속
	さへ	첨가	
	のみ	한정 강조	
	ばかり	시간·수량·정도 한정	
	など(なんど)	예시 완곡	
	まで	범위·한계 정도	

종류	조사	주요의미와 용법	주된 접속
종조사	し	강조	다양한 단어에 접속
	な	금지 「そ」는 금지의 부사「な」와 함께 호응을 이룬다	종지형 ラ변은 연체형
	(な)〜〜そ		연용형 カ変·サ変은 미연형
	ばや	자신의 희망	미연형
	なむ	상대의 원망(願望)	
	かし	다시 한번 다짐	문말
	は も	감동	연체형 체언
	か かな かも		
	もがな·がな (もがも·がも)	상대에게 향한 원망(願望)	다양한 단어에 접속
	な	감동	체언 · 문말
	は	감동	체언 · 연체형
	よ	감동 강조	문말
	てしが てしがな にしが にしがな	자신의 강한 원망(願望)	연용형
	ぞ	다시 한번 다짐	체언 · 연체형
間役조사	や よ	감동 呼び掛け	문말
	を	감동	문절의 끝

부록

1. 4단 활용 동사 연습

[−a, i, u, u, e, e]

	어간	미연형	연용형	종지형	연체형	이연형	명령형
歩(ある)く							
働(はたら)く							
暮(く)らす							
散(ち)らす							
勝(か)つ							
持(も)つ							
言(い)ふ							
習(なら)ふ							
住(す)む							
憎(にく)む							
ののしる							
語(かた)る							
仰(あお)ぐ							
急(いそ)ぐ							
飛(と)ぶ							
喜(よろこ)ぶ							

2. ナ行変格活用 (단, 2개!!)

[−a, i, u, uru, ure, e]

	어간	미연형	연용형	종지형	연체형	이연형	명령형

3. ラ行変格活用 (단, 4개!!)

[−a, i, i, u, e, e]

	어간	미연형	연용형	종지형	연체형	이연형	명령형
あり							
居り							
はべり							
いまそがり							

4. 2단 활용 동사

가. 상2단 활용 동사

	어간	미연형	연용형	종지형	연체형	이연형	명령형
起(お)く	起(お)						

尽(つ)く	尽(つ)						
過(す)ぐ	過(す)						
落(お)つ	落(お)						
朽(く)つ	朽(く)						
恥(は)づ	恥(は)						
閉(と)づ	閉(と)						
恋(こ)ふ	恋(こ)						
生(お)ふ	生(お)						
用(もち)ふ	用(もち)						
帯(お)ぶ	帯(お)						
滅(ほろ)ぶ	滅(ほろ)						
忍(しの)ぶ	忍(しの)						
恨(うら)む	恨(うら)						
老(お)ゆ	老(お)						
悔(く)ゆ	悔(く)						
報(むく)ゆ	報(むく)						

나. 하2단 활용 동사

	어간	미연형	연용형	종지형	연체형	이연형	명령형
得(う)							
心得(こころう)							

受(う)く							
混(ま)ず							
出(い)づ							
詣(もう)づ							
愛(め)づ							
奉(たてま)づ							
与(あた)ふ							
衰(おとろ)ふ							
数(かぞ)ふ							
答(こた)ふ							
覚(おぼ)ゆ							
消(き)ゆ							
絶(たえ)ゆ							
見(み)ゆ							
植(う)う							
飢(う)う							
据(す)う							

5. 1단 활용 동사

가. 상1단 활용동사

	어간	미연형	연용형	종지형	연체형	이연형	명령형
着(き)る							
似(に)る							
煮(に)る							
干(ひ)る							
見(み)る							
試(こころ)みる							
射(い)る							
鑄(い)る							
居(ゐ)る							
率(ゐ)る							
率(ひき)ゐる							
用(もち)ゐる							

나. 하1단 활용동사

	어간	미연형	연용형	종지형	연체형	이연형	명령형
蹴(け)る							

6. 변격 동사

가. カ변격동사

	어간	미연형	연용형	종지형	연체형	이연형	명령형
来(く)							

나. サ변격동사

	어간	미연형	연용형	종지형	연체형	이연형	명령형
す							
愛(あい)す							
案(あん)ず							
心(こころ)す							
船出(ふなで)す							
恋(こ)す							
紅葉(こうよう)す							
久(ひさ)しうす							
全(まった)うす							
念(ねん)ず							
命(めい)ず							
成功(せいこう)す							
謝(あやま)す							
対応(たいおう)す							

7. 형용사 활용

	ク활용 シク활용	현대일본어
① はげし		
② なし		
③ うるはし		
④ すさまじ		
⑤ いみじ		
⑥ かなし		
⑦ うれし		
⑧ 美し		
⑨ よし		
⑩ 高し		

8. 형용사

	활용 종류	어간	미연형	연용형	종지형	연체형	이연형	명령형
短(みじか)し								
長(なが)し								
良(よ)し								

なし								
強(つよ)し								
弱(よわ)し								
早(はや)し								
同(おな)じ								
らうらうじ								
すさまじ								
いみじ								
おもしろし								
うつくし								
はかなし								
めでたし								
うらなし								
むなし								
貧(まづ)し								
ゆかし								

等(ひと)し								
ゆゆし								
はづかし								
頼(たの)もし								
す早(はや)し								
重(おも)し								
赤(あか)し								
賢(かしこ)し								
あやし								

9. 형용동사

	활용 종류	어간	미연형	연용형	종지형	연체형	이연형	명령형
豊(ゆた)かなり								
しめやかなり								
明(あき)らかなり								
鮮(あざ)やかなり								
あはれなり								
おどろなり								
おろかなり								
清(きよ)らなり								
華(はな)やかなり								
漠然(ばくぜん)たり								
惨(さん)たり								
静かなり								
堂々(どうどう)たり								
貴(あて)なり								
あはれなり								

うららかなり								
かすかなり								
きらびやかなり								
こまやかなり								
つれづれなり								
わびしげなり								
をかしげなり								
暖(あたた)かなり								
細(こま)やかなり								
急(きふ)なり								
愉快(ゆかい)なり								
漫々(まんまん)たり								
片々(へんぺん)たり								
遅々(ちち)たり								
営々(えいえい)たり								

응용해 보기

舞姫

森鷗外

石炭をば早(は)や積み果てつ。中等室の卓(つくゑ)のほとりはいと静にて、熾熱灯(しねつとう)の光の晴れがましきも徒(いたづら)なり。今宵は夜毎にこゝに集ひ来る骨牌(カルタ)仲間も「ホテル」に宿りて、舟に残れるは余一人(ひとり)のみなれば。

五年前(いつとせまへ)の事なりしが、平生(ひごろ)の望足りて、洋行の官命を蒙(かうむ)り、このセイゴンの港まで来(こ)し頃は、目に見るもの、耳に聞くもの、一つとして新(あらた)ならぬはなく、筆に任せて書き記(しる)しつる紀行文日ごとに幾千言をかなしけむ、当時の新聞に載せられて、世の人にもてはやされしかど、今日(けふ)になりておもへば、穉(をさな)き思想、身の程(ほど)知らぬ放言、さらぬも尋常(よのつね)の動植金石、さては風俗などをさへ珍しげにしるしゝを、心ある人はいかにか見けむ。こたびは途に上りしとき、日記(にき)ものせむとて買ひし冊子(さつし)もまだ白紙のまゝなるは、独逸(ドイツ)にて物学びせし間(ま)に、一種の「ニル、アドミラリイ」の気象をや養ひ得たりけむ、あらず、これには別に故あり。

げに東に還る今の我は、西に航せし昔の我ならず、学問こそ猶心に飽き足らぬところも多かれ、浮世のうきふしをも知りたり、人の心の頼みがたきは言ふも更なり、われとわが心さへ変り易きをも悟り得たり。きのふの是はけふの非なるわが瞬間の感触を、筆に写して誰にか見せむ。これや日記の成らぬ縁故なる、あらず、これには別に故あり。

嗚呼、ブリンヂイシイの港を出でゝより、早や二十日あまりを経ぬ。世の常ならば生面の客にさへ交を結びて、旅の憂さを慰めあふが航海の習なるに、微恙にことよせて房の裡にのみ籠りて、同行の人々にも物言ふことの少きは、人知らぬ恨に頭のみ悩ましたればなり。此恨は初め一抹の雲の如く我心を掠めて、瑞西の山色をも見せず、伊太利の古蹟にも心を留めさせず、中頃は世を厭ひ、身をはかなみて、腸日ごとに九廻すともいふべき惨痛をわれに負はせ、今は心の奥に凝り固まりて、一点の翳とのみなりたれど、文読むごとに、物見るごとに、鏡に映る影、声に応ずる響の如く、限なき懐旧の情を喚び起して、幾度となく我心を苦む。嗚呼、いかにしてか此恨を銷せむ。若し外の恨なりせば、詩に詠じ歌によめる後は心地すが／＼しくもなりなむ。これのみは余りに深く我心に彫りつけられたればさはあらじと思へど、今宵はあたりに人も無し、房奴の来て電気線の鍵を捩るには猶程もあるべければ、いで、その概略を文に綴りて見む。

단어풀이

舞姫 — 무희. 춤을 추는 소녀.

積み果てつ — 물건을 모두 쌓았다.「つ」는 완료.

中等室 — 중등 열차 칸의 객실

熾熱灯 — 백열전등, 아크등(호광등)

いたづらなり — 보람이 없다. 쓸데없다.

骨牌 — 가루타, 놀이딱지, 카드, 마작패.

残れる — 남아있다(사람)

余一人のみなれば — 나 한 사람 만이기 때문에. 앞 문장의 도치.

洋行 — 유럽과 미국의 도선(나룻배), 유학하다

官命 — 공명, 정부의 명령

蒙(こうむ)る — 받다

セイゴン — サイゴン(현 호치민市)- 베트남 남부의 중심도시. 남중국해에 흘러 들어간 사이 공하천의 하류 서해안에 위치한 가항도시. 유럽선로의 여항지.

紀行文 — 여행의 기록을 짓는 문장

幾千言をかなしけむ — 어느 정도 많은 말을 기록했던 것일까

もてはやされしかど — 칭찬·갈채(かっさい)를 받지만,

放言 — 말하고 싶은 대로 말하는 것

さらぬも — 그렇지 않은 것도,

尋常 — 보통

いかにか見けむ — 어떻게 생각했던 것일까

こたび — 다음(귀로에 오르고 있는것)

途に上る — (여행에)나가다

日記ものせむ — 일기를 쓰자.

物学び — 학문

ニル·アドミラリイ — 냉담, 허무적인 태도

気象 — 성질, 마음씨.

故 — 이유, 의미, 뜻, 도리.

げに — 정말로, 진심으로

なほ — 다시, 여전히.

多かれ — (계조사로 앞의「こそ」와 호응한「多し」의 이연형. 역접 표현)많지만

浮き世のうきふし — 세간의 괴롭게 고통스러운 것

頼み難き — 도움이 되지 않은 것, 의지가 되지 않은 것

言ふも更なり — 말할 필요가 없다. 물론이다.

我と我が心 — 다른 것이 아니다. 자신의 마음

きのふの是はけふの非なる — 어제 좋다 고친 것을 오늘은 부정하도록, 사고방식이 완전 변해 버린 것의 한문적 표현

誰にか見せむ — (誰に見せようか)누구에게도 보일 수 없다. (반어표현)

縁故 — 이유, 까닭.

嗚呼 — 아! (감탄어)

ブリンジイシイ — 이탈리아반도 남단의 항구. 아드리아해에 향하고 있음. 영국

生面の客 — 첫대면의 승객

微恙 — 가벼운 병

ことよす — 핑계를 대다

房 — 작은방, 배의 객실.

恨み — 회한, 슬픔. 한시에서는 백거이의「장한가」(긴 세월 원망의 노래)가 있다

腸日ごとに九廻す — 단장의 슬픔, 고통의 모습.

惨痛 — 격한 아픔

鏡に映る影、声に応ずる響きのごとく — 바로 즉응하다

懐旧の情 — 옛날을 그리워하는 기분. 회구는 회고와 같음

銷(しょう)す — 지워없애다, 발산하다.

ほかの恨みなりせば — 만약에 근심·회한이었다면 ~의 뜻, (반정법)문말의「-해버릴 것이다(추량)」이라고 호응

なりなむ — 반드시 되는 것 일 것이다. 새겨 넣어지면

さはあらじ — 그렇지 않다.

房奴 — 잔 심부름을 함, 보이(남자).

電気線の鍵 — 전기스위치

程もあるべければ — 시간도 있어 보이니까

余は幼き比(ころ)より厳しき庭の訓(をしへ)を受けし甲斐(かひ)に、父をば早く喪(うしな)ひつれど、学問の荒(すさ)み衰ふることなく、旧藩の学館にありし日も、東京に出でゝ予備黌(よびくわう)に通ひしときも、大学法学部に入りし後も、太田豊太郎(とよたらう)といふ名はいつも一級の首(はじめ)にしるされたりしに、一人子(ひとりご)の我を力になして世を渡る母の心は慰みけらし。十九の歳には学士の称を受けて、大学の立ちてよりその頃までにまたなき名誉なりと人にも言はれ、某(なにがし)省に出仕して、故郷なる母を都に呼び迎へ、楽しき年を送ること三とせばかり、官長の覚え殊(こと)なりしかば、洋行して一課の事務を取り調べよとの命を受け、我名を成さむも、我家を興さむも、今ぞとおもふ心の勇み立ちて、五十を踰(こ)えし母に別るゝをもさまで悲しとは思はず、遙々(はるばる)と家を離れてベルリンの都に来ぬ。

단어풀이

庭の訓 — 가정교육. 가훈(ていきん).

受けしかひに — 받은 보람이 있어

喪ひつれど — 죽었지만

旧藩の学館 — 에도시대 의학교, 제후의 자제들을 교육하는 학교(はんこう).

予備黌 — 대학 예비문. 도쿄대학 예과(현·동대교양학부).

一級の首 — 수석, 반1등

力になして — 의지로써

慰みけらし — 마음이 풀리다, 안심한 듯하다.

学士 — 대학 졸업 때에 얻은 칭호

またなき名誉 — 다시 없는, 둘도 없는, 각별한 명예

出仕 — 관청에 근무하는 것

官長 — 상사(の官僚)

覚え殊なりしかば — 신임도 각별했기 때문에

我が名を成さむも — 명예를 취득하는 것도(이른바 지위를 출세하는 것)

家を興す — 가훈을 육성시키다

今ぞ — 지금이(좋은 기회) 다.

さまで — 그 정도까지

来(き)ぬ — 해왔다.「ぬ」는 완료

余は模糊(もこ)たる功名の念と、検束に慣れたる勉強力とを持ちて、忽(たちま)ちこの欧羅巴(ヨオロツパ)の新大都の中央に立てり。何等(なんら)の光彩ぞ、我目を射むとするは。何等の色沢ぞ、我心を迷はさむとするは。菩提樹下と訳するときは、幽静なる境(さかひ)なるべく思はるれど、この大道髪(かみ)の如きウンテル、デン、リンデンに来て両辺なる石だゝみの人道を行く

隊々の士女を見よ。胸張り肩聳えたる士官の、まだ維廉一世の街に臨めるに倚り玉ふ頃なりければ、様々の色に飾り成したる礼装をなしたる、妍き少女の巴里まねびの粧したる、彼も此も目を驚かさぬはなきに、車道の土瀝青の上を音もせで走るいろ／＼の馬車、雲に聳ゆる楼閣の少しとぎれたる処には、晴れたる空に夕立の音を聞かせて漲り落つる噴井の水、遠く望めばブランデンブルク門を隔てゝ緑樹枝をさし交はしたる中より、半天に浮び出でたる凱旋塔の神女の像、この許多の景物目睫の間に聚まりたれば、始めてこゝに来しものゝ応接に遑なきも宜なり。されど我胸には縦ひいかなる境に遊びても、あだなる美観に心をば動さじの誓ありて、つねに我を襲ふ外物を遮り留めたりき。

余が鈴索を引き鳴らして謁を通じ、おほやけの紹介状を出だして東来の意を告げし普魯西の官員は、皆快く余を迎へ、公使館よりの手つゞきだに事なく済みたらましかば、何事にもあれ、教へもし伝へもせむと約しき。喜ばしきは、わが故里にて、独逸、仏蘭西の語を学びしことなり。彼等は始めて余を見しとき、いづくにていつの間にかくは学び得つると問はぬことなかりき。

さて官事の暇あるごとに、かねておほやけの許をば得たりければ、ところの大学に入りて政治学を修めむと、名を簿冊に記させつ。

ひと月ふた月と過す程に、おほやけの打合せも済みて、取調も次第に捗り行けば、急ぐことをば報告書に作りて送り、さらぬをば写し留めて、つひには幾巻をかなしけむ。大学のかたにては、穉き心に思ひ計りしが如く、政治家になるべき特科のあるべうもあらず、此か彼かと心迷ひながらも、二三の法家の講筵(かうえん)に列(つらな)ることにおもひ定めて、謝金を収め、往きて聴きつ。

かくて三年(みとせ)ばかりは夢の如くにたちしが、時来れば包みても包みがたきは人の好尚なるらむ、余は父の遺言を守り、母の教に従ひ、人の神童なりなど褒(ほ)むるが嬉しさに怠らず学びし時より、官長の善き働き手を得たりと奨(はげ)ますが喜ばしさにたゆみなく勤めし時まで、たゞ所動的、器械的の人物になりて自ら悟らざりしが、今二十五歳になりて、既に久しくこの自由なる大学の風に当りたればにや、心の中なにとなく妥(おだやか)ならず、奥深く潜みたりしまことの我は、やうやう表にあらはれて、きのふまでの我ならぬ我を攻むるに似たり。余は我身の今の世に雄飛すべき政治家になるにも宜(よろ)しからず、また善く法典を諳(そらん)じて獄を断ずる法律家になるにもふさはしからざるを悟りたりと思ひぬ。

余は私(ひそか)に思ふやう、我母は余を活(い)きたる辞書となさんとし、我官長は余を活きたる法律となさんとやしけん。辞書たらむは猶ほ堪ふべけれど、法律たらんは忍ぶべからず。今までは瑣々(さゝ)たる問題にも、極めて丁寧(ていねい)にいらへしつる余が、この頃より官長に寄する書には連(しき)りに法制の細目に拘(かゝづら)ふべきにあらぬを論じて、一たび法の精神をだに得たらんには、紛々たる万事は破竹の如くなるべしなどゝ広言しつ。又大学にては法科の講筵を余所(よそ)にして、歴史文学に心を寄せ、漸く蔗(しよ)を嚼(か)む境に入りぬ。

官長はもと心のまゝに用ゐるべき器械をこそ作らんとしたりけめ。独立の思想を懐(いだ)きて、人なみならぬ面(おも)もちしたる男をいかでか喜ぶべき。危きは余が当時の地位なりけり。されどこれのみにては、なほ我地位を覆(くつが)へすに足らざりけんを、日比伯林(ひごろベルリン)の留学生の中(うち)にて、或る勢力ある一群(ひとむれ)と余との間に、面白からぬ関係ありて、彼人々は余を猜疑(さいぎ)し、又遂(つひ)に余を讒誣(ざんぶ)するに至りぬ。されどこれとても其故なくてやは。

彼人々は余が倶(とも)に麦酒(ビイル)の杯をも挙げず、球突きの棒(キユウ)をも取らぬを、かたくななる心と慾を制する力とに帰して、且(かつ)は嘲(あざけ)り且は嫉(ねた)みたりけん。されどこは余を知らねばなり。嗚呼、此故よしは、我身だに知らざりしを、怎(いか)でか人に知らるべき。わが心はかの合歓(ねむ)といふ木の葉に似て、物触(さや)れば縮みて避けんとす。我心は処女に似たり。余が幼き頃より長者の教を守りて、学(まなび)の道をたどりしも、仕(つかへ)の道をあゆみしも、皆な勇気ありて能(よ)くしたるにあらず、耐忍勉強の力と見えしも、皆な自ら欺き、人をさへ欺きつるにて、人のたどらせたる道を、唯(た)だ一条(ひとすぢ)にたどりしのみ。余所に心の乱れざりしは、外物を棄てゝ顧みぬ程の勇気ありしにあらず、唯(たゞ)外物に恐れて自らわが手足を縛せしのみ。故郷を立ちいづる前にも、我が有為の人物なることを疑はず、又我心の能く耐へんことをも深く信じたりき。嗚呼、彼も一時。舟の横浜を離るるまでは、天晴(あつぱれ)豪傑と思ひし身も、せきあへぬ涙に手巾(しゆきん)を濡らしつるを我れ乍(なが)ら怪しと思ひしが、これぞなか／＼に我本性なりける。此心は生れながらにやありけん、又早く父を失ひて母の手に育てられしによりてや生じけん。

彼(かの)人々の嘲るはさることなり。されど嫉むはおろかならずや。この弱くふびんなる心を。

赤く白く面(おもて)を塗りて、赫然(かくぜん)たる色の衣を纏(まと)ひ、珈琲店(カツフエエ)に坐して客を延(ひ)く女(をみな)を見ては、往きてこれに就かん勇気なく、高き帽を戴き、眼鏡に鼻を挾ませて、普魯西(プロシヤ)にては貴族めきたる鼻音にて物言ふ「レエベマン」を見ては、往きてこれと遊ばん勇気なし。此等の勇気なければ、彼活溌なる同郷の人々と交らんやうもなし。この交際の疎(うと)きがために、彼人々は唯余を嘲り、余を嫉むのみならで、又余を猜疑することゝなりぬ。これぞ余が冤罪(ゑんざい)を身に負ひて、暫時の間に無量の艱難(かんなん)を閲(けみ)し尽す媒(なかだち)なりける。

단어풀이

模糊たる ― 막연한, 멍하니 있다

功名の念 ― 공을 세워 명예를 얻는다라는 생각

検束 ― 스스로를 죄는 속박

勉強力 ― 무리하게 노력하는 능력

立てり ― 섰다.「り」는 완료

なんらの~ ぞ ― 뭐라는~것이다！　감탄의 표현

光彩 ― 빛남

色沢 ― 윤기

菩提樹下 ― 다음의「지하철도·굴」의 역어.

幽静なる境なるべく ― 어떻게는 쥐죽은 듯이 장소에서 있는 것 같이

大道髪のごとき ― 큰거리가 바로 연장되어 있는(이어져있는) 모습의 비유
両辺なる ― 양측에 있다
隊々の士女 ― 반남녀의 그룹
街に臨める窓に倚りたまふ ― 길가에 면한 궁궐에 살았었다(「창문에 기대다」는 비유)
かほよき ― 얼굴 생김새의 아름다움
巴里まねび ― 파리의 풍속을 본뜨다
かれもこれも ― 저것도이것도, 어느 것도
土瀝青 ― 아스팔트
音もせで ― 소리도 나지 않고
楼閣 ― 빌딩·높은건물
噴井 ― 분수
ブランデンブルク門 ― 베를린의 시문. 문 위에 승리의 여신상을 모시다
半天 ― 중천, 공중. 넓은 하늘의 중간
凱旋塔 ― 전승기념탑. 보불전쟁의 승리와 독일 총일(1871)을기념해서 세웠다
神女の像 ― 승리의 여신상
あまた ― 많이
目睫の間に聚まる ― 바로 근처에 밀집하고 있다「목첩」은 눈과 눈썹. 지극히 가까운 것의 비유.
応接にいとまなき ― (とても対応しきれないほど)다음으로 화려한 경치가 나타나는
うべなり ― 가장이다, 당연하다. 경일토지, 경우. 여기에서는 전자의생각
遊ぶ ― 다른 토지를 방문해서 배움. 유력, 유학
あだなる ― 덧없는 변화의 가벼움, 헛되다.
心をば動かさじ ― 마음을 움직이지 않다
我を襲ふ外物 ― 자신을 압도하려고 하는 외계의사물(인상). 굉장한미관
鈴索 ― 초인종·벨
謁を通ず ― 신분이 높은 사람을 방문, 면회를 구하는것

東来の意 — 일본에서 해 온 취지

手つづきだに事なく済みたらましかば — 수속 조차 문제없이 통과함. 여기는「반실가상」은 아님

故里 — 고국

かくは — 이정도 능숙하게

学び得つる — 배움을 얻었는가「つる」는 의문어의 연결로, 완료「つ」의 연체형(문말).

官事 — 공무

かねて — 앞서서

おほやけの許し — 나라(공식)허가

ところの大学 — 현지의 대학. 프리드리히빌헬름 대학(현· 베를린대학).

簿冊 — 장부. 여기는 학적부

さらぬ — 그렇지 않다(것)

幾巻をかなしけむ — 몇 권의 노트에 했던 것일까. 셀 수없다.

思ひ計る — 고려하다, 예기· 계획하다

政治家になるべき特科 — 정치가가 되기 위한 특별의 강좌

あるべうもあらず — 해야 할 것도 아닌「あるべくもあらず」음편

これかかれか — 저걸까 이걸까

講筵 — 강의.

つらなる — 참석, 출석하다

謝金 — 예금. 수업료.

包む — 싸서 감추다.

好尚 — 좋아함, 기호(しこう).

~なるらむ — ~인 것 일 것이다

神童 — 매우 우수한 지혜를 가진 아이. 천재

所動的 — 수동적

当たりたればにや — 맞았던 것일까「にや(あらむ)」는 추측의 표현(~인 것일까)

やうやう — 점점

我ならぬ我 — 진짜 자신은 아닌 자신. 本当の自分ではない自分. 거짓의 자기

攻むるに似たり — 공격하는 듯「似たり」は「ごとし」는 같다. 비교의 표현

雄飛 — 기세가 좋게 활약하는 것「雌伏」의 대의어.

よろしからず — 적당하지 않은, 어울리지 않은

諳じて — 암송해서

獄を断ずる — 재판하다, 재결을 내리다.

思ふやう — 생각하기에는

なさんとやしけん — 그렇게 한 것은 아닌가.「や」는 의문의 계조사.「けん(けむ)」은 과거의 추량, 연체형

なほ — 아직 그렇지도 않으나, 그래도.

堪ふべけれど — 하려고 생각했다면 가능하지만,「堪ふ」은 짐을 견디다의 뜻

瑣々たる — 자질구레한, 세밀한, 些末な(작은일).

いらへ — 답장, 대답

かかづらふ — 얽매다. 구애.

だに — ~조차, 까지

得たらんには — 회득할 때에는

紛々たる — 혼잡하고 어수선한 혼잡하다. 헷갈리다.

破竹のごとく — (대나무가 쪼개지는 것처럼) 어떤 일이 단숨에(기세좋게 ,재빠르게) 이루어지는 것.

広言しつ — 사람들이 있는 곳에서 당당하게 말했다.「つ」는 완료

よそにして — 진지하지 않은 것. 적당히 해, 단념해. 내버려 둬. 등한시하다.

やうやく — 앞의「やうやう」과 같다. 좀처럼 표현하지 않은 것이, 기다린 끝에 실현하다. 겨우, 점점, 차츰

蔗を嚼む境に入る — 점점 재미있어지다.「蔗境に入る」라고도 말한다. 사탕수수를 음미해서 단 정도를 느낄 수 없도록 하는 것이 원뜻.

器械をこそ作らんとしたりけめ — 기계를 만들려고 한 것이지만. .係り結

び「こそ…けめ(けむの 이연형)는 호응 관계로 역접의 관계를 포함하고 이하에 접속

面もち — 얼굴 생김새

いかでか喜ぶべき — 어째서 기쁜 것일까. 기쁠 리가 없다. 반어 표현

なりけり — 인 것이었다. 영탄의 표현

猜疑 — 질투심(ねた) 의심하다.

讒誣 — 무사실한 것으로 비난·중상하다.

故なくてやは — 이유가 없는 것일까.(あるのだ) 「やは(あらむ)」 반어 표현

かたくななり — 융통성이 없는. 완고. 오로지 한방향으로만.

かつは嘲りかつは嫉み — 한편으로는 비웃음 또한 편으로는 질투. 비웃거나 질투하거나.「かつ~ かつ~」의 구문

知らねばなり — 모르니까

故よし — 까닭, 이유

処女 — 처녀. 미혼녀 어리고 어른스러운 여성. 숫처녀

長者 — 장년자의 윗사람

よくしたる — 실현할 수 있었다.

勉強 — 강인하고 힘쓰다

棄てて顧みぬ — 포기해서 개의치 않다, 마음에 두지 않다

自ら我が手足を縛せしのみ — 자기 스스로를 속박하는 것이다.

有為の人物 — 미래 큰 도움이 되다(前途有望の) 인물.

あっぱれ — 칭찬할 가치가 있다. 훌륭하다. 관심있다.

せきあへぬ — 참을 수 없다, 견딜 수 없다.

怪し — 희한하다.

なかなかに — 오히려, 차라리

さることなり — 당연하다

おろかならずや — 어리석지않은가. 어리석은가. 반어

ふびんなる — 동정해야한다. 곤란하다. 불쌍하다. 안타깝다

面 — 얼굴

赫然たる — 빛나다

珈琲店 — 술집, 카페

就く — 뒤따라가다, 수행하다.

レエベマン — 난봉꾼.

やう — 방법, 수단, 도리

これぞ — 이것(こそ)이. 「ぞ」는 강한 뜻의 계조사. 「なりける」에 관련되다.

冤罪 — 사실이 없음의 죄(억울함)

無量の艱難 — 헤아릴 수 없다. 고난

閲しつくす — 남김없이 경험하다, 다맛보다

媒 — 간접적인 원인,

或る日の夕暮なりしが、余は獣苑を漫歩して、ウンテル、デン、リンデンを過ぎ、我がモンビシユウ街の僑居(けうきよ)に帰らんと、クロステル巷(かう)の古寺の前に来ぬ。余は彼の灯火(ともしび)の海を渡り来て、この狭く薄暗き巷(こうぢ)に入り、楼上の木欄(おばしま)に干したる敷布、襦袢(はだぎ)などまだ取入れぬ人家、頬髭長き猶太(ユダヤ)教徒の翁(おきな)が戸前(こぜん)に佇(たゝず)みたる居酒屋、一つの梯(はしご)は直ちに楼(たかどの)に達し、他の梯は窖(あなぐら)住まひの鍛冶(かぢ)が家に通じたる貸家などに向ひて、凹字(あふじ)の形に引籠みて立てられたる、此三百年前の遺跡を望む毎に、心の恍惚となりて暫し佇みしこと幾度なるを知らず。

今この処を過ぎんとするとき、鎖(とざ)したる寺門の扉に倚りて、声を呑みつゝ泣くひとりの少女(をとめ)あるを見たり。年は十六七なるべし。被(かむ)りし巾(きれ)を洩れたる髪の色は、薄きこがね色にて、着たる衣は垢つき汚れたりとも見えず。我足音に驚かされてかへりみたる面、余に詩人の筆なければこれを写すべくもあらず。この青く清らにて物問ひたげに愁を含める目の、半ば露を宿せる長き睫毛に掩はれたるは、何故に一顧したるのみにて、用心深き我心の底までは徹したるか。

彼は料らぬ深き歎きに遭ひて、前後を顧みる遑なく、こゝに立ちて泣くにや。わが臆病なる心は憐憫の情に打ち勝たれて、余は覚えず側に倚り、「何故に泣き玉ふか。ところに繋累なき外人は、却りて力を借し易きこともあらん。」といひ掛けたるが、我ながらわが大胆なるに呆れたり。

彼は驚きてわが黄なる面を打守りしが、我が真率なる心や色に形はれたりけん。「君は善き人なりと見ゆ。彼の如く酷くはあらじ。又た我母の如く。」暫し涸れたる涙の泉は又溢れて愛らしき頬を流れ落つ。

「我を救ひ玉へ、君。わが恥なき人とならんを。母はわが彼の言葉に従はねばとて、我を打ちき。父は死にたり。明日は葬らではは ぬに、家に一銭の 貯 だになし。」

跡は欷歔の声のみ。我眼はこのうつむきたる少女の顫ふ項にのみ注がれたり。

「君が家に送り行かんに、先づ心を鎮め玉へ。声をな人に聞かせ玉ひそ。こゝは往来なるに。」彼は物語するうちに、覚えず我肩に倚りしが、この時ふと頭を擡げ、又始てわれを見たるが如く、恥ぢて我側を飛びのきつ。

人の見るが厭はしさに、早足に行く少女の跡に附きて、寺の筋向ひなる大戸を入れば、欠け損じたる石の梯あり。これを上ぼりて、四階目に腰を折りて潜るべき程の戸あり。少女はびたる針金の先きを捩(ね)ぢ曲げたるに、手を掛けて強く引きしに、中には咳枯(しはが)れたる老媼(おうな)の声して、「誰(た)ぞ」と問ふ。エリス帰りぬと答ふる間もなく、戸をあらゝかに引開(ひきあ)けしは、半ば白(しら)みたる髪、悪(あ)しき相にはあらねど、貧苦の痕を額(ぬか)に印せし面の老媼にて、古き獣綿の衣を着、汚れたる上靴を穿(は)きたり。エリスの余に会釈して入るを、かれは待ち兼ねし如く、戸を劇(はげ)しくたて切りつ。

余は暫し茫然として立たりしが、ふと油灯(ラムプ)の光に透して戸を見れば、エルンスト、ワイゲルトと漆(うるし)もて書き、下に仕立物師と注したり。これすぎぬといふ少女が父の名なるべし。内には言ひ争ふごとき声聞えしが、又静になりて戸は再び明きぬ。さきの老媼は慇懃(いんぎん)におのが無礼の振舞せしを詫(わ)びて、余を迎へ入れつ。戸の内は厨(くりや)にて、右手(めて)の低き窻に、真白(ましろ)に洗ひたる麻布を懸けたり。左手(ゆんで)には粗末に積上げたる煉瓦の竈(かまど)あり。正面の一室の戸は半ば開きたるが、内には白布(しらぬの)を掩へる臥床(ふしど)あり。伏したるはなき人なるべし。竈の側なる戸を開きて余を導きつ。この処は所謂(いはゆる)「マンサルド」の街に面したる一間(ひとま)なれば、天井もなし。隅の屋根裏より窻に向ひて斜に下れる梁(はり)を、紙にて張りたる下の、立たば頭(かしら)の支(つか)ふべき処に臥床あり。中央なる机には美しき氈(かも)を掛けて、上には書物一二巻と写真帖とを列(なら)べ、陶瓶(たうへい)にはこゝに似合はしからぬ価(あたひ)高き花束を生けたり。そが傍(かたはら)に少女は羞(はぢ)を帯びて立てり。

彼は優(すぐ)れて美なり。乳(ち)の如き色の顔は灯火に映じて微紅(うすくれなゐ)を潮(さ)したり。手足の繊(かぼそ)くなるは、貧家の女(をみな)に似ず。老媼の室(へや)を出でし跡にて、少女は少し訛(なま)りたる言葉にて云ふ。「許し玉へ。君をこゝまで導きし心なさを。君は善き人なるべし。我をばよも憎み玉はじ。明日に迫るは父の葬(はふり)、たのみに思ひしシヤウムベルヒ、君は彼を知らでやおはさん。彼は「ヰクトリア」座の座頭(ざがしら)なり。彼が抱へとなりしより、早や二年(ふたとせ)なれば、事なく我等を助けんと思ひしに、人の憂に附けこみて、身勝手なるいひ掛けせんとは。我を救ひ玉へ、君。金をば薄き給金を析(さ)きて還し参らせん。縦令(よしや)我身は食(くら)はずとも。それもならずば母の言葉に。」彼は涙ぐみて身をふるはせたり。その見上げたる目(まみ)には、人に否(いな)とはいはせぬ媚態あり。この目の働きは知りてするにや、又自らは知らぬにや。

我が隠しには二三「マルク」の銀貨あれど、それにて足るべくもあらねば、余は時計をはづして机の上に置きぬ。「これにて一時の急を凌(しの)ぎ玉へ。質屋の使のモンビシユウ街三番地にて太田と尋ね来(こ)ん折には価を取らすべきに。」

少女は驚き感ぜしさま見えて、余が辞別(わかれ)のために出(いだ)したる手を唇にあてたるが、はら／＼と落つる熱き涙(なんだ)を我手の背(そびら)に濺(そゝ)ぎつ。

단어풀이

獣苑 —「동물원」이라는 큰 공원

僑居 — 임시거처·여관

クロステル巷 — 원어로는「修道院수도원(절) 길」

木欄 — 나무난간, 베란다

襦袢 — 속옷

窖 — 움막, 지하실.

恍惚 — 마음을 빼앗겨 버려 황홀한 모양

倚る — 기대다, 몸을 의지해 실리다

被りし巾 — 뒤집어 쓰는 삼베. 스카프의 종류.

写すべくもあらず — 베끼는 것도 할 수 없다

清らにて — 기품이 있어 아름답고, 화려하고 우아하다(여기에서는「맑다」의 의미로도 해석 가능)

目の — 이「の」는 동격의 の격 조사.「で」

宿せる — 잉태하다, 지니다

徹す — 꿰뚫다, 관통하다.

彼 — 여기에서는 소녀를 나타냄, 그녀 (이때의 말투로「彼」는 성별없는 3인칭에서 사용된다

はからぬ — 뜻밖에도, 우연히도, 공교롭게도

前後を顧みるいとまなく — 냉정하게 사물을 판단하는 여유도 없이

泣くにや — 울다(あらん). 울고 있는 것일까.

憐憫の情 — 불쌍히 여기는 마음. 동정. 정을 주는것.

ところに — 현지에

係累 — (자유를 속박하는 귀찮다) 처자나 친척, 일가.

黄なる面 — 샛노란 얼굴. 백인종에 대한 황인종으로써의 자의식을 나타내는 언어

うち守りしが — 계속 주시했지만

真率なる — 거짓이 없다. 정직하고 성실하다

見ゆ — 보이다, 생각해 내다

恥なき人 — 수치를 모름

従はねば — 복종하지 않는, 따르지 않는

打ちき — 쳤다

葬らではかなはぬ — 매장할 일이 못된다

だに — (부정어와같이써서) ~ 조차 (…ない 없다)

欷歔 — 흐느껴 욺

送り行かんに — 보내가니깐

な~そ — ~해서는 안된다(가벼운 금지 표현)

梯(はしご) — 계단

老媼 — 노파

あららかに — 난폭하게

悪しき相 — 나쁜인상

額に印す — 이마에 형적을 남기다. (貧苦の姿を)확실히 보이게

獣綿 — 양털, 또는 모피.

たて切りつ — 완전히 닫히다.

漆もて — 옻으로

仕立物師 — 양복 봉제업, 재봉을 업으로 하다

すぎぬ — 돌아가시다

名なるべし — 이름인 것이다의 뜻

慇懃に — 예의 바르게, 정중하게

廚 — 부엌, 조리실.

臥床 — 침대

マンサルド — 다락방

梁 — 기둥 위에 건너질러 지붕을 지탱하는 횡목.

立たば — 섰다면. 「未然形미연형·ば-하면」의 형(가정조건).

中央なる机 — 중앙에 있는 책상. 「なる」는 존재의 의미 「の」.

氈 ― 깔개. 여기에서는 식탁보를 가리킨다

陶瓶 ― 도자기 꽃병

似合はしからぬ価高き花束 ― 인기 높은 무희의 증명(어떠한 꽃다발일까 이론의 많은 부분)

そが傍ら ― 그것의 옆

羞を帯びて ― 수줍음을 띠다. 겸연쩍은 듯이. 부끄러워하며.(함수의, 부끄러움의 표현)

潮す ― 싹트다. 부끄러움을 얼굴색으로 티내다.

たをやかなる ― 형상·모습·동작이 간들간들하고 상냥한

訛る ― 말이나 발음이 무너지다. 또, 표준어로는다른 말투나 발음을 하다. 중·상류시민의 바른말투가 아닌 부분이 있는 것을 가리키고 있다

なるべし ― ~일 것이다. ~일지도 모른다.

よも~じ ― 설마 ~하지 않겠지.「결코 미워하지 않도록」라는 간절히 원하는 것.

知らでやおはさん ― 모르고 이야기 합시다. 모르고 계시죠

「ヴィクトリア」座 ― 베를린 중심가 거리의 명칭. (*'보리수(菩提樹) 밑'이란 뜻)의 남방쪽 2km정도에 있었던 이류극장

座頭 ― 지배인.

抱へ ― 고용인.

事なく ― 문제없이. 미끈히, 매초롬히

憂ひ ― 한탄, 비탄, 슬픔. 애통.

言ひかけ ― 구실, 트집거리.

還し参らせん ― 답례드립니다. 겸양어.

よし(や)~ , とも ― 설령 ~라도

媚態 ― 아양부리는 표현

かくし ― 호주머니, 주머니.

急をしのぐ ― 절박한 경우를 극복하다. 일단 맞춰지다.

取らすべきに ― 취하려고 하니깐의 뜻

辞別 ― 작별을 고함. 작별인사

嗚呼、何等の悪因ぞ.この恩を謝せんとて、自ら我僑居(けうきよ)に来(こ)し少女は、シヨオペンハウエルを右にし、シルレルを左にして、終日(ひねもす)兀坐(こつざ)する我読書のに、一輪の名花を咲かせてけり.この時を始として、余と少女との交(まじはり)漸く繁くなりもて行きて、同郷人にさへ知られぬれば、彼等は速了(そくれう)にも、余を以(も)て色を舞姫の群に漁(ぎよ)するものとしたり.われ等二人(ふたり)の間にはまだ痴(ちがい)なる歓楽のみ存したりしを.

その名を斥(さ)さんは憚(はゞかり)あれど、同郷人の中に事を好む人ありて、余が屡(しば〳〵)芝居に出入して、女優と交るといふことを、官長の許(もと)に報じつ。さらぬだに余が頗(すこぶ)る学問の岐路(きろ)に走るを知りて憎み思ひし官長は、遂に旨を公使館に伝へて、我官を免じ、我職を解いたり。公使がこの命を伝ふる時余に謂(い)ひしは、御身(おんみ)若し即時に郷に帰らば、路用を給すべけれど、若し猶こゝに在らんには、公の助をば仰ぐべからずとのことなりき。余は一週日の猶予を請ひて、とやかうと思ひ煩ふうち、我生涯にて尤(もつと)も悲痛を覚えさせたる二通の書状に接しぬ。この二通は殆ど同時にいだしゝものなれど、一は母の自筆、一は親族なる某(なにがし)が、母の死を、我がまたなく慕ふ母の死を報じたる書(ふみ)なりき。余は母の書中の言をこゝに反覆するに堪へず、涙の迫り来て筆の運(はこび)を妨ぐればなり。

余とエリスとの交際は、この時までは余所目(よそめ)に見るより清白なりき。彼は父の貧きがために、充分なる教育を受けず、十五の時舞の師のつのりに応じて、この恥づかしき業(わざ)を教へられ、「クルズス」

果てゝ後、「ヰクトリア」座に出でゝ、今は場中第二の地位を占めたり。されど詩人ハツクレンデルが当世の奴隷といひし如く、はかなきは舞姫の身の上なり。薄き給金にて繋がれ、昼の温習、夜の舞台と緊しく使はれ、芝居の化粧部屋に入りてこそ紅粉をも粧ひ、美しき衣をも纏へ、場外にてはひとり身の衣食も足らず勝なれば、親腹からを養ふものはその辛苦奈何ぞや。されば彼等の仲間にて、賤しき限りなる業に堕ちぬは稀なりとぞいふなる。エリスがこれをれしは、おとなしき性質と、剛気ある父の守護とに依りてなり。彼は幼き時より物読むことをば流石に好みしかど、手に入るは卑しき「コルポルタアジユ」と唱ふる貸本屋の小説のみなりしを、余と相識る頃より、余が借しつる書を読みならひて、漸く趣味をも知り、言葉の訛をも正し、いくほどもなく余に寄するふみにも誤字少なくなりぬ。かゝれば余等二人の間には先づ師弟の交りを生じたるなりき。我が不時の免官を聞きしときに、彼は色を失ひつ。余は彼が身の事に関りしを包み隠しぬれど、彼は余に向ひて母にはこれを秘め玉へと云ひぬ。こは母の余が学資を失ひしを知りて余を疎んぜんを恐れてなり。

嗚呼、委くこゝに写さんも要なけれど、余が彼を愛づる心の俄に強くなりて、遂に離れ難き中となりしは此折なりき。我一身の大事は前に横りて、洵に危急存亡の秋なるに、この行ありしをあやしみ、又た誹る人もあるべけれど、余がエリスを愛する情は、始めて相見し時よりあさくはあらぬに、いま我数奇を憐み、又別離を悲みて伏し沈みたる面に、鬢(びん)の毛の解けてかゝりたる、その美しき、いぢらしき姿は、余が悲痛感慨の刺激によりて常ならずなりたる脳髄を射て、恍惚の間にこゝに及びしを奈何(いか)にせむ。

단어풀이

悪因 ― 나쁜 혹은 안좋은 인연. 불행한 운명

ショオペンハウエル ― 독일의 염세주의 철학자.

シルレル ― 독일 고전주의의 시인·극작가

ひねもす ― 하루 중. 아침부터 밤까지

兀座 ― 단정히 앉다.

名花 ― 아름답고 훌륭한 꽃. 배우·예기의 비유에 용이

咲かせてけり ― (꽃을) 피게 했었다

やうやく ― 점점, 더욱 더

繁くなりもてゆきて ― 빈번하게 되어서

速了 ― 지레 짐작 하는것

色を漁する ― 어색, 엽색·여자를 찾아다니다. 연애에 빠지다.

痴騃 ― 순진한 것 なこと. 사리분별도 없는 것, 어리석은 것.

斥す ― 가리키다. 지적하다.

はばかり ― 원려, 멀리 앞을 내다봄.

事を好む人 ― 무슨 일이 일어나기를 바라는 사람.

さらぬだに ― 그렇지 않은 것조차. 그렇지 않아도.

すこぶる ― 상당

岐路に走る ― 샛길로 달리다, 옆길로 빗나가다

御身(おんみ) ― 당신

路用 ― 노자. 여비.

公の助け — 국가로 부터 받는 월급.
とやかう — 이것저것
またなく — 두개로도 아닌
妨ぐればなり — 방해하니깐
清白 — 청렴결백.
つのり — (학생)모집.
クルズス — 강습.
ハックレンデル — 독일의 소설가 「유럽의 노예생활」(1854)로 궁정극장에서 무희의 현대의 노예를 흉내냄.
つながれ — 구속을 받는다
温習 — 복습. 연습.
紅粉 — 분장용 화장품.
親はらから — 친형제
いかにぞや — 어떨까. 어떻게 지낼까
賎しきかぎりなる業 — 비천한 일 혹은 그 일을 하는 여인
~とぞいふなる — ~ 라는 이야기다.
剛気 — 강한 기세.
さすがに — 그래도 역시.
コルポルタアジュ — 행상, 도붓장사
趣味 — 재미남, 맛을 보다, 아름다움을 아는 능력
文 — 편지
かかれば — 이렇게 있으니깐
不時 — 불의, 돌연
免官 — 면직, 파면 공무원의 신분증을 잃게 하는것
色を失ひつ — 얼굴이 새파래지다 「つ」는 완료
要なし — 무용하다, 필요없다
愛づ — 사랑하다, 귀여워하다
危急存亡の秋(とき) — 자신의 신분에 영향이 미칠 중대한 결단을 해야 할

운명의 갈림길. 멸망할까 존속할까의 소중 한때

怪しむ — 이상하게 생각하다

誹る — 비난하다

数奇 — 불운, 불행

鬢の毛 — 얼굴 양측면의 머리카락. 귀 위에의 머리카락

いぢらしき — 가련한, 애처롭다

感慨 — 마음을 찌르고 깊게 생각하는 것. 사물에 느끼고 감탄하는

恍惚 — 둔해서 의식이 확실히 없는 것, 자아를 잃다, 무언가에 마음을 빼앗겨 무의식 상태가 되다; 제정신 [넋]을 잃다. 전에 쿠로스타가의 사원을 보고 「황홀」이라고 한 묘사가 있었다. 마음을 빼앗겨 황홀하다

いかにせむ — 어떻게 하려 해도 없다

浮雲

二葉亭四迷

浮雲はしがき

薔薇(ばら)の花は頭(かしら)に咲て活人は絵となる世の中独り文章而已(のみ)は黴(かび)の生えた陳奮翰(ちんぷんかん)の四角張りたるに頬返(ほおがえ)しを附けかね又は舌足らずの物言(ものいい)を学びて口に涎(よだれ)を流すは拙(つたな)しこれはどうでも言文一途(いっと)の事だと思立ては矢も楯(たて)もなく文明の風改良の熱一度に寄せ来るどさくさ紛れお先真闇三宝荒神(まっくらさんぽうこうじん)さまと春のや先生を頼み奉(たてまつ)り欠硯(かけすずり)に朧(おぼろ)の月の雫(しずく)を受けて墨摺流(すりなが)す空のきおい夕立の雨の一しきりさらさらさっと書流せばアラ無情(うたて)始末にゆかぬ浮雲めが艶(やさ)しき月の面影を思い懸(がけ)なく閉籠(とじこめ)て黒白(あやめ)も分かぬ烏夜玉(うばたま)のやみらみっちゃな小説が出来しぞやと我ながら肝を潰(つぶ)してこの書の巻端に序するものは

明治丁亥(ひのとい)初夏

二葉亭四迷

浮雲第一篇序

古代の未だ曾て称揚せざる耳馴れぬ文句を笑うべきものと思い又は大体を評し得ずして枝葉の瑕瑾のみをあげつらうは批評家の学識の浅薄なるとその雅想なきを示すものなりと誰人にやありけん古人がいいぬ今や我国の文壇を見るに雅運日に月に進みたればにや評論家ここかしこに現われたれど多くは感情の奴隷にして我好む所を褒め我嫌うところを貶すその評判の塩梅たる上戸の酒を称し下戸の牡丹餅をもてはやすに異ならず淡味家はアライを可とし濃味家は口取を佳とす共に真味を知る者にあらず争でか料理通の言なりというべき就中小説の如きは元来その種類さまざまありて辛酸甘苦いろいろなるを五味を愛憎する心をもて頭くだしに評し去るは豈に心なきの極ならずや我友二葉亭の大人このたび思い寄る所ありて浮雲という小説を綴りはじめて数ならぬ主人にも一臂(いっぴ)をかすべしとの頼みありき頼まれ甲斐のあるべくもあらねど一言二言の忠告など思いつくままに申し述べてかくて後大人の縦横なる筆力もて全く綴られしを一閲するにその文章の巧なる勿論主人などの及ぶところにあらず小説文壇に新しき光彩を添なんものは蓋しこの冊子にあるべけれと感じて甚だ僭越の振舞にはあれど只所々片言隻句の穏かならぬふしを删正して竟に公にすることとなりぬ合作の名はあれどもその実四迷大人の筆に成りぬ文章の巧なる所趣向の面白き所は総て四迷大人の骨折なり主人

の負うところはひとり僭越の咎のみ読人乞うその心してみそなわせ序ながら彼の八犬伝水滸伝の如き規摸の目ざましきを喜べる目をもてこの小冊子を評したまう事のなからんには主人は兎も角も二葉亭の大人否小説の霊が喜ぶべしと云爾

第二十年夏

第一編

第一回 アアラ怪しの人の挙動

千早振る神無月ももはや跡二日の余波となった二十八日の午後三時頃に、神田見附の内より、塗渡る蟻、散る蜘蛛の子とうようよぞよぞよ沸出でて来るのは、孰れも頤を気にし給う方々。しかし熟々見て篤と点撿すると、これにも種々種類のあるもので、まず髭から書立てれば、口髭、頬髯、顋の鬚、暴に興起した拿破崙髭に、狆の口めいた比斯馬克髭、そのほか矮鶏髭、貉髭、ありやなしやの幻の髭と、濃くも淡くもいろいろに生分る。髭に続いて差いのあるのは服飾。白木屋仕込みの黒物ずくめには仏蘭西皮の靴の配偶はありうち、これを召す方様の鼻毛は延びて蜻蛉をも釣るべしという。これより降っては、背皺よると枕詞の付く「スコッチ」の背広にゴリゴリするほどの牛の毛皮靴、そこで踵にお飾を絶さぬところから泥に尾を曳く亀甲洋袴、いずれも釣しんぼうの苦患を今に脱せぬ貌付。デモ持主は得意なもので、髭あり服あり我また奚をかめんと済した顔色で、火をくれた木頭と反身ッてお帰り遊ばす、イヤお羨しいことだ。その後より続いて出てお出でなさるは孰れも胡麻塩頭、弓と曲げても張の弱い腰に無残や空弁当を振垂げてヨタヨタものでお帰りなさる。さては老朽してもさすがはまだ職に堪(た)えるものか、しかし日本服でも勤められるお手軽なお身の上、さりとはまたお気の毒な。

途上人影の稀れに成った頃、同じ見附の内より両人の少年が話しながら出て参った。一人は年齢二十二三の男、顔色は蒼味七分に土気三分、どうも宜しくないが、秀た眉に儼然とした眼付で、ズーと押徹った鼻筋、唯惜かな口元が些と尋常でないばかり。しかし締はよさそうゆえ、絵草紙屋の前に立っても、パックリ開くなどという気遣いは有るまいが、とにかく顋が尖って頬骨が露れ、非道くれている故か顔の造作がとげとげしていて、愛嬌気といったら微塵もなし。醜くはないが何処ともなくケンがある。背はスラリとしているばかりで左而已高いという程でもないが、痩肉ゆえ、半鐘なんとやらという人聞の悪い渾名に縁が有りそうで、年数物ながら摺畳皺(たたみじわ)の存じた霜降(しもふり)「スコッチ」の服を身に纏(まと)ッて、組紐(くみひも)を盤帯(はちまき)にした帽檐広(つばびろ)な黒羅紗(ラシャ)の帽子を戴(いただ)いてい、今一人は、前の男より二ツ三ツ兄らしく、中肉中背で色白の丸顔、口元の尋常な所から眼付のパッチリとした所は仲々の好男子ながら、顔立がひねてこせこせしているので、何となく品格のない男。黒羅紗の半「フロックコート」に同じ色の「チョッキ」、洋袴は何か乙な縞羅紗(しま)で、リュウとした衣裳附(いしょうづけ)、縁(ふち)の巻上ッた釜底形(かまぞこがた)の黒の帽子を眉深(まぶか)に冠(かぶ)り、左の手を隠袋(かくし)へ差入れ、右の手で細々とした杖(つえ)を玩物(おもちゃ)にしながら、高い男に向い、

「しかしネー、若(も)し果して課長が我輩を信用しているなら、蓋(けだ)し已(や)むを得ざるに出(い)でたんだ。何故(なぜ)と言ッて見給え、局員四十有余名と言やア大層のようだけれども、皆(みんな) 腰の曲ッた老爺(じいさん)に非(あら)ざれば気の利(き)かない奴(やつ)ばかりだろう。その内で、こう言やア可笑(おか)しい様だけれども、若手でサ、原書も些(ちっ)たア噛(かじ)っていてサ、そうして事務を取らせて捗(はか)の往(い)く者と言ったら、マア我輩二三人だ。だから若し果して信用しているのなら、已(やむ)を得ないのサ」

「けれども山口を見給え、事務を取らせたらあの男程捗の往く者はあるまいけれども、やっぱり免を喰(く)ったじゃアないか」

「彼奴(あいつ)はいかん、彼奴は馬鹿だからいかん」

「何故」

「何故と言って、彼奴は馬鹿だ、課長に向って此間(こないだ)のような事を言う所を見りゃア、弥(いよいよ) 馬鹿だ」

「あれは全体課長が悪いサ、自分が不条理な事を言付けながら、何にもあんなに頭ごなしにいうこともない」

「それは課長の方が或は不条理かも知れぬが、しかし苟（いやしく）も長官たる者に向って抵抗を試みるなぞというなア、馬鹿の骨頂だ。まず考えて見給え、山口は何んだ、属吏じゃアないか。屬吏ならば、仮令（たとえ）い課長の言付を条理と思ったにしろ思わぬにしろ、ハイハイ言ってその通り処弁（しょべん）して往きゃア、職分は尽きてるじゃアないか。然（しか）るに彼奴のように、苟も課長たる者に向ってあんな差図がましい事を……」

「イヤあれは指図じゃアない、注意サ」

「フム乙（おつ）う山口を弁護するネ、やっぱり同病相憐（あいあわ）れむのか、アハアハアハ」

高い男は中背の男の顔を尻眼（しりめ）にかけて口を鉗（つぐ）んでしまったので談話（はなし）がすこし中絶（とぎ）れる。錦町（にしきちょう）へ曲り込んで二ツ目の横町の角まで参った時、中背の男は不図（ふと）立止って、

「ダガ君の免を喰（くっ）たのは、弔すべくまた賀すべしだぜ」

「何故」

「何故と言って、君、これからは朝から晩まで情婦（いろ）の側（そば）にへばり付いている事が出来らアネ。アハアハアハ」

「フフフン、馬鹿を言給うな」

ト高い男は顔に似気（にげ）なく微笑を含み、さて失敬の挨拶（あいさつ）も手軽るく、別れて独り小川町（おがわまち）の方へ参る。顔の微笑が一かわ一かわ消え往

くにつれ、足取も次第々々に緩(ゆるや)かになって、終(つい)には虫の這(は)う様になり、悄然(しょんぼり)と頭(こうべ)をうな垂れて二三町程も参ッた頃、不図(ふと)立止りて四辺(あたり)を回顧(みまわ)し、駭然(がいぜん)として二足三足立戻ッて、トある横町へ曲り込んで、角から三軒目の格子戸(こうしど)作りの二階家へ這入(はい)る。一所(いっしょ)に這入ッて見よう。

高い男は玄関を通り抜けて縁側へ立出(たちいで)ると、傍(かたわら)の坐舗(ざしき)の障子がスラリ開(あ)いて、年頃十八九の婦人の首、チョンボリとした摘(つまみ)ッ鼻(ぱな)と、日の丸の紋を染抜いたムックリとした頬とで、その持主の身分が知れるという奴が、ヌット出る。

「お帰(かいん)なさいまし」

トいって、何故か口舐(くちなめ)ずりをする。

「叔母さんは」

「先程(さっき)お嬢さまと何処(どち)らへか」

「そう」

ト言捨てて高い男は縁側を伝(つたわ)って参り、突当りの段梯子(だんばしご)を登ッて二階へ上る。ここは六畳の小坐舗(こざしき)、一間の床(とこ)に三尺の押入れ付、三方は壁で唯南ばかりが障子になッている。床に掛けた軸は隅々(すみずみ)も既に虫喰(むしば)んで、床花瓶(とこばないけ)に投入れた二本三本(ふたもとみもと)の蝦夷菊(えぞぎく)は、うら枯れて枯葉がち。坐舗の一隅(いちぐう)を顧みると古びた机が一脚据(す)え付けてあッて、筆、ペン、楊枝(ようじ)などを掴挿(つかみざ)しにした筆立一個に、歯磨(はみがき)の函(はこ)と肩を比(なら)べた赤間(あかま)の硯(すずり)が一面載せてある。机の側(かたわら)に押立たは二本立(だち)の書函(ほんばこ)、これには小形の爛缶(ランプ)が載せてある。机の下に差入れたは縁(ふち)の欠けた火入、これには摺附木(すりつけぎ)の死体(しがい)が横(よこたわ)ッている。その外坐舗一杯に敷詰めた毛団、衣紋竹に釣るした袷衣、柱の釘に懸けた手拭、いずれを見ても皆年数物、その証拠には手擦れていて古色蒼然たり。だが自ら秩然と取旁付ている。

高い男は徐かに和服に着替え、脱棄てた服を畳みかけて見て、舌鼓を撃ちながらそのまま押入へへし込んでしまう。ところへトパクサと上ッて来たは例の日の丸の紋を染抜いた首の持主、横幅の広い筋骨の逞しい、ズングリ、ムックリとした生理学上の美人で、持ッて来た郵便を高い男の前に差置いて、

「アノー先刻この郵便が」

「ア、そう、何処から来たんだ」

ト郵便を手に取って見て、

「ウー、国からか」

「アノネ貴君、今日のお嬢さまのお服飾は、ほんとにお目に懸けたいようでしたヨ。まずネ、お下着が格子縞の黄八丈で、お上着はパッとした宜引[#「引」は小書き右寄せ]縞の糸織で、お髪は何時ものイボジリ捲きでしたがネ、お搔頭は此間出雲屋()からお取んなすったこんな」

と故意々々手で形を拵らえて見せ、

「薔薇の花搔頭でネ、それはそれはお美しゅう御座いましたヨ……私もあんな帯留が一ツ欲しいけれども……」

ト些し塞いで、

「お嬢さまはお化粧なんぞはしないと仰しゃるけれども、今日は

なんでも内々で薄化粧なすッたに違いありませんヨ。だってなんぼ色がお白ッてあんなに……私も家にいる時分はこれでもヘタクタ施けたもんでしたがネ、此家へ上ッてからお正月ばかりにして不断は施けないの、施けてもいいけれども御新造さまの悪口が厭ですワ、だッて何時かもお客様のいらッしゃる前で、『鍋のお白粉を施けたとこは全然炭団へ霜が降ッたようで御座います』ッて……余りじゃア有りませんか、ネ一貴君、なんぼ私が不器量だッて余りじゃアありませんか」

ト敵手が傍にでもいるように、真黒になってまくしかける。高い男は先程より、手紙を把ッては読かけ読かけてはまた下へ措きなどして、さも迷惑な体。この時も唯「フム」と鼻を鳴らした而已で更に取合わぬゆえ、生理学上の美人はさなくとも鱄壊れそうな 両頬をいとど膨脹らして、ツンとして二階を降りる。その後姿を目送ッて高い男はホット顔、また手早く手紙を取上げて読下す。その文言に

一筆示し参らせ候、さても時こうがら日増しにお寒う相成り候えども御無事にお勤め被成候や、それのみあんじくらし参らせ候、母事もこの頃はめっきり年をとり、髪の毛も大方は白髪になるにつき心まで愚痴に相成候と見え、今年の晩には御地へ参られるとは知りつつも、何とのう待遠にて、毎日ひにち指のみ折暮らし参らせ候、どうぞどうぞ一日も早うお引取下されたく念じ参らせ候 のくず、さる二十四日は父上の……

と読みさして覚えずも手紙を取落し、腕を組んでホット溜息。

奥の細道

松尾芭蕉

一 冒頭

月日は百代の過客にして行かふ年も又旅人也。舟の上に生涯をうかべ馬の口とらへて老をむかふる物は日々旅にして旅を栖とす。古人も多く旅に死せるあり。予もいづれの年よりか片雲の風にさそはれて漂白の思ひやまず海浜にさすらへ去年の秋江上の破屋に蜘の古巣をはらひてやや年も暮春立る霞の空に白川の関こえんとそぞろ神の物につきて心をくるはせ道祖神のまねきにあひて取もの手につかずもも引の破をつづり笠の緒付かへて三里に灸すうるより松島の月先心にかかりて住る方は人に譲り杉風が別墅に移るに

草の戸も住替る代ぞひなの家

面八句を庵の柱に懸置

二 旅立

弥生も末の七日明ぼのの空朧々として月は在明にて光をさまれ

る物から不二の峰幽にみえて上野谷中の花の梢 又いつかはと心ぼそしむつましきかぎりは宵よりつどひて舟に乗て送る。

千じゆと云所にて船をあがれば前途三千里のおもひ胸にふさがりて幻のちまたに離別の泪をそそく。

行春や鳥啼魚の目は泪

是を矢立の初として行道なほすすまず人々は途中に立ならびて後かげのみゆる迄はと見送なるべし。

三 草加

ことし元禄二とせにや 奥羽長途の行脚只かりそめに思ひたちて呉天に白髪の恨を重ぬ といへ共耳にふれていまだめに見ぬさかひ 若生て帰らば と定なき頼の末をかけ其日漸草加と云宿にたどり着にけり。

痩骨の肩にかかれる物先くるしむ只身すがらにと出立侍を紙子一衣は夜の防ぎ ゆかた雨具墨筆のたぐひあるはさりがたき餞などしたるはさすがに打捨がたくて路次の煩となれるこそわりなけれ。

四 室の八島

室の八島に詣す 同行曾良が曰 此神は木の花さくや姫の神と申

て富士一体也。無戸室に入て焼給ふちかひのみ中に火々出見のみこと生れ給ひしより室の八島と申 又煙を読習し侍もこの謂也 将このしろといふ魚を禁ず。

縁起の旨世に伝ふ事も侍し

二五 平泉

十二日平和泉と心ざしあねはの松緒だえの橋など聞伝て人跡稀に雉兎蒭蕘の往かふ道そこともわかず終に路ふみたがえて石の巻といふ湊に出。

こがね花咲とよみて奉たる金花山海上に見わたし数百の廻船入江につどひ人家地をあらそひて竃の煙立つづけたり思ひがけず斯る所にも来れる哉と宿からんとすれど更に宿かす人なし。

漸まどしき小家に一夜をあかして明れば又しらぬ道まよひ行

袖のわたり尾ぶちの牧まのの萱はらなどよそめにみて遥なる堤を行。心細き長沼にそふて戸伊摩と云所に一宿して平泉に到る

其間二十余里ほどとおぼゆ

三代の栄耀一睡の中にして大門の跡は一里こなたに有

秀衡が跡は田野に成て金鷄山のみ形を残す

先高館にのぼれば北上川南部より流るる大河也

衣川は和泉が城をめぐりて高館の下にて大河に落入

泰衡等が旧跡は衣が関を隔て南部口をさし堅め夷をふせぐとみえたり。偖も義臣すぐつて此城にこもり功名一時の叢となる

国破れて山河あり

城春にして草青みたり

と笠打敷て時のうつるまで泪を落し侍りぬ

夏草や兵どもが夢の跡

卯の花に兼房みゆる白毛かな

曾良

兼て耳驚したる二堂開帳す

経堂は三将の像をのこし光堂は三代の棺を納め三尊の仏を安置す

七宝散うせて珠の扉風にやぶれ金の柱霜雪に朽て既頽廃空虚の叢と成べきを四面新に囲て甍を覆て風雨を凌

暫時千歳の記念とはなれり

五月雨の降のこしてや光堂

二八 立石寺

山形領に立石寺と云山寺あり慈覚大師の開基にして殊清閑の地也。一見すべきよし人々のすすむるに依て尾花沢よりとつて返し其間七里ばかり也。日いまだ暮ず麓の坊に宿かり置て山上の堂にのぼる。岩に巖を重て山とし松柏年旧土石老て苔滑に岩上の院々

扉を閉て物の音きこえず 岸をめぐり岩を這て仏閣を拝し佳景寂寞として心すみ行のみおぼゆ

　閑さや岩にしみ入蟬の声

二九 最上川

最上川のらんと大石田と云所に日和を待 爰に古き誹諧の種こぼれて忘れぬ花のむかしをしたひ蘆角一声の心をやはらげ此道にさぐりあしして新古ふた道にふみまよふといへどもみちしるべする人しなければとわりなき一巻残しぬ

このたびの風流爰に至れり最上川はみちのくより出て山形を水上とすごてんはやぶさなど云おそろしき難所有板敷山の北を流て果は酒田の海に入 左右山覆ひ茂みの中に船を下す 是に稲つみたるをや いな船といふならし

白糸の滝は青葉の隙々に落て仙人堂岸に臨て立水みなぎつて舟あやふし

　五月雨をあつめて早し最上川

三一 酒田

羽黒を立て鶴が岡の城下長山氏重行と云物のふの家にむかへら

れて誹諧一巻有 左吉も共に送りぬ 川舟に乗て酒田の湊に下る 淵庵不玉と云医師の許を宿とす。

あつみ山や吹浦かけて夕すずみ

暑き日を海にいれたり最上川

三七 太田神社

此所太田の神社に詣 実盛が甲錦の切あり往昔源氏に属せし時義朝公より給はらせ給とかやげにも平士のものにあらず。

目庇より吹返しまで菊から草のほりもの金をちりばめ竜頭に鍬形打たり。実盛討死の後木曾義仲願状にそへて此社にこめられ侍よし樋口の次郎が使せし事共まのあたり縁起にみえたり

`むざんやな甲の下のきりぎりす

芋粥

芥川竜之介

元慶(ぐわんぎやう)の末か、仁和(にんな)の始にあつた話であらう。どちらにしても時代はさして、この話に大事な役を、勤めてゐない。読者は唯、平安朝と云ふ、遠い昔が背景になつてゐると云ふ事を、知つてさへゐてくれれば、よいのである。——その頃、摂政(せつしやう)藤原基経(もとつね)に仕へてゐる侍(さむらひ)の中に、某(なにがし)と云ふ五位があつた。

これも、某と書かずに、何の誰と、ちやんと姓名を明にしたいのであるが、生憎あいにく旧記には、それが伝はつてゐない。恐らくは、実際、伝はる資格がない程、平凡な男だつたのであらう。一体旧記の著者などと云ふ者は、平凡な人間や話に、余り興味を持たなかつたらしい。この点で、彼等と、日本の自然派の作家とは、大分ちがふ。王朝時代の小説家は、存外、閑人(ひまじん)でない。——兎に角、摂政藤原基経に仕へてゐる侍の中に、某と云ふ五位があつた。これが、この話の主人公である。

五位は、風采の甚(はなはだ)揚(あが)らない男であつた。第一背が低い。それから赤鼻で、眼尻が下つてゐる。口髭は勿論薄い。頬が、こけてゐるから、頤(あご)が、人並はづれて、細く見える。唇は——一々、数へ立ててゐれば、際限はない。我五位の外貌はそれ程、非凡に、だらしなく、出来上つてゐたのである。

この男が、何時、どうして、基経に仕へるやうになつたのか、それは誰も知つてゐない。が、余程以前から、同じやうな色の褪めた水干に、同じやうな萎々した烏帽子をかけて、同じやうな役目を、飽きずに、毎日、繰返してゐる事だけは、確である。その結果であらう、今では、誰が見ても、この男に若い時があつたとは思はれない。(五位は四十を越してゐた。) その代り、生れた時から、あの通り寒むさうな赤鼻と、形ばかりの口髭とを、朱雀大路の衢風に、吹かせてゐたと云ふ気がする。上は主人の基経から、下は牛飼の童児まで、無意識ながら、悉 さう信じて疑ふ者がない。

かう云ふ風采を具へた男が、周囲から受ける待遇は、恐らく書くまでもないことであらう。侍 所にゐる連中は、五位に対して、殆ど蠅程の注意も払はない。有位無位、併せて二十人に近い下役さへ、彼の出入りには、不思議な位、冷淡を極めてゐる。五位が何か云ひつけても、決して彼等同志の雑談をやめた事はない。彼等にとつては、空気の存在が見えないやうに、五位の存在も、眼を遮さへぎらないのであらう。下役でさへさうだとすれば、別当とか、侍所の司とか云ふ上役たちが頭から彼を相手にしないのは、寧ろ自然の数である。彼等は、五位に対すると、殆ど、子供らしい無意味な悪意を、冷然とした表情の後に隠して、何を云ふのでも、手真似だけで用を足した。人間に、言語があるのは、偶然ではない。従つて、彼等も手真似では用を弁じない事が、時々ある。が、彼等は、それを全然五位の悟性に、欠陥があるからだと、思つてゐるらしい。そこで彼等は用が足りないと、この男の歪んだ揉(もみ)烏帽子の先から、切れかかつた藁草履(わらざうり)の尻まで、万遍なく見上げたり、見下したりして、それから、鼻で哂(わら)ひながら、急に後を向いてしまふ。それでも、五位は、腹を立てた事がない。彼は、一切の不正を、不正として感じない程、意気地のない、臆病な人間だつたのである。

所が、同僚の侍たちになると、進んで、彼を飜弄(ほんろう)しようとした。年かさの同僚が、彼れの振はない風采を材料にして、古い洒落(しやれ)を聞かせようとする如く、年下の同僚も、亦それを機会にして、所謂(いはゆる)興言利口(きようげんりこう)の練習をしようとしたからである。彼等は、この五位の面前で、その鼻と口髭と、烏帽子と水干とを、品隲(ひんしつ)して飽きる事を知らなかつた。そればかりではない。彼が五六年前に別れたうけ唇(くち)の女房と、その女房と関係があつたと云ふ酒のみの法師とも、屢(しばしば)彼等の話題になつた。その上、どうかすると、彼等は甚(はなはだ)、性質(たち)の悪い悪戯(いたづら)さへする。それを今一々、列記する事は出来ない。が、彼の篠枝(ささえ)の酒を飲んで、後(あと)へ尿(いばり)を入れて置いたと云ふ事を書けば、その外は凡(およそ)、想像される事だらうと思ふ。

しかし、五位はこれらの揶揄(やゆ)に対して、全然無感覚であつた。少くもわき眼には、無感覚であるらしく思はれた。彼は何を云はれても、顔の色さへ変へた事がない。默つて例の薄い口髭を撫でながら、するだけの事をしてすましてゐる。唯、同僚の悪戯が、嵩(かう)じすぎて、髷(まげ)に紙切れをつけたり、太刀(たち)の鞘(さや)に草履を結びつけたりすると、彼は笑ふのか、泣くのか、わからないやうな笑顔をして、「いけぬのう、お身たちは。」と云ふ。その顔を見、その声を聞いた者は、誰でも一時或いぢらしさに打たれてしまふ。(彼等にいぢめられるのは、一人、この赤鼻の五位だけではない、彼等の知らない誰かが——多数の誰かが、彼の顔と声とを借りて、彼等の無情を責めてゐる。)——さう云ふ気が、朧(おぼろ)げながら、彼等の心に、一瞬の間、しみこんで来るからである。唯その時の心もちを、何時までも持続ける者は甚少い。その少い中の一人に、或無位の侍があつた。これは丹波(たんば)の国から来た男で、まだ柔かい口髭が、やつと鼻の下に、生えかかつた位の青年である。勿論、この男も始めは皆と一しよに、何の理由もなく、赤鼻の五位を軽蔑(けいべつ)した。所が、或日何かの折に、「いけぬのう、お身たちは」と云ふ声を聞いてからは、どうしても、それが頭を離れない。それ以来、この男の眼にだけは、五位が全く別人として、映るやうになつた。栄養の不足した、血色の悪い、間のぬけた五位の顔にも、世間の迫害にべそを掻いた、「人間」が覗いてゐるからである。この無位の侍には、五位の事を考へる度に、世の中のすべてが急に本来の下等さを露(あらは)すやうに思はれた。さうしてそれと同時に霜げた赤鼻と数へる程の口髭とが何となく一味(いちみ)の慰安を自分の心に伝へてくれるやうに思はれた。……

しかし、それは、唯この男一人に、限つた事である。かう云ふ例外を除けば、五位は、依然として周囲の軽蔑の中に、犬のやうな生活を続けて行かなければならなかつた。第一彼には着物らしい着物が一つもない。青鈍(あをにび)の水干と、同じ色の指貫(さしぬき)とが一つづつあるのが、今ではそれが上白(うはじろ)んで、藍(あゐ)とも紺とも、つかないやうな色に、なつてゐる。水干はそれでも、肩が少し落ちて、丸組の緒や菊綴(きくとぢ)の色が怪しくなつてゐるだけだが、指貫になると、裾のあたりのいたみ方が一通りでない。その指貫の中から、下の袴もはかない、細い足が出てゐるのを見ると、口の悪い同僚でなくとも、痩公卿の車を牽(ひ)いてゐる、痩牛の歩みを見るやうな、みすぼらしい心もちがする。それに佩(は)いてゐる太刀も、頗る覚束(おぼつか)ない物で、柄つかの金具も如何(いかが)はしければ、黒鞘の塗も剥げかかつてゐる。これが例の赤鼻で、だらしなく草履をひきずりながら、唯でさへ猫背なのを、一層寒空の下に背ぐくまつて、もの欲しさうに、左右を眺め眺め、きざみ足に歩くのだから、通りがかりの物売りまで莫迦(ばか)にするのも、無理はない。現に、かう云ふ事さへあつた。……

或る日、五位が三条坊門を神泉苑の方へ行く所で、子供が六七人、路ばたに集つて、何かしてゐるのを見た事がある。「こまつぶり」でも、廻してゐるのかと思つて、後ろから覗いて見ると、何処(どこ)かから迷つて来た、尨犬(むくいぬ)の首へ繩をつけて、打つたり毆(たた)いたりしてゐるのであつた。臆病な五位は、これまで何かに同情を寄せる事があつても、あたりへ気を兼ねて、まだ一度もそれを行為に現はしたことがない。が、この時だけは相手が子供だと云ふので、幾分か勇気が出た。そこで出来るだけ、笑顔をつくりながら、年かさらしい子供の肩を叩いて、「もう、堪忍してやりなされ。犬も打たれれば、痛いでのう」と声をかけた。すると、その子供はふりかへりながら、上眼を使つて、蔑(さげ)すむやうに、ぢろぢろ五位の姿を見た。云はば侍所の別当が用の通じない時に、この男を見るやうな顔をして、見たのである。「いらぬ世話はやかれたうもない。」その子供は一足下りながら、高慢な唇を反らせて、かう云つた。「何ぢや、この鼻赤めが。」五位はこの語(ことば)が自分の顔を打つたやうに感じた。が、それは悪態をつかれて、腹が立つたからでは毛頭ない。云はなくともいい事を云つて、恥をかいた自分が、情なくなつたからである。彼は、きまりが悪いのを苦しい笑顔に隠しながら、默つて、又、神泉苑の方へ歩き出した。後では、子供が、六七人、肩を寄せて、「べつかつかう」をしたり、舌を出したりしてゐる。勿論彼はそんな事を知らない。知つてゐたにしても、それが、この意気地のない五位にとつて、何であらう。……

では、この話の主人公は、唯、軽蔑される為にのみ生れて来た人間で、別に何の希望も持つてゐないかと云ふと、さうでもない。五位は五六年前から芋粥(いもがゆ)と云ふ物に、異常な執着を持つてゐる。芋粥とは山の芋を中に切込んで、それを甘葛(あまづら)の汁で煮た、粥の事を云ふのである。当時はこれが、無上の佳味として、上は万乗(ばんじよう)の君の食膳にさへ、上せられた。従つて、吾五位の如き人間の口へは、年に一度、臨時の客の折にしか、はいらない。その時でさへ、飲めるのは僅に喉(のど)を沾(うるほ)すに足る程の少量である。そこで芋粥を飽きる程飲んで見たいと云ふ事が、久しい前から、彼の唯一の欲望になつてゐた。勿論、彼は、それを誰にも話した事がない。いや彼自身さへそれが、彼の一生を貫いてゐる欲望だとは、明白に意識しなかつた事であらう。が事実は彼がその為に、生きてゐると云つても、差支(さしつかへ)ない程であつた。——人間は、時として、充されるか充されないか、わからない欲望の為に、一生を捧げてしまふ。その愚を哂(わら)ふ者は、畢竟ひつきやう、人生に対する路傍の人に過ぎない。

しかし、五位が夢想してゐた、「芋粥に飽かむ」事は、存外容易に事実となつて現れた。その始終を書かうと云ふのが、芋粥の話の目的なのである。

或年の正月二日、基経の第(だい)に、所謂(いはゆる)臨時の客があつた時の事である。(臨時の客は二宮(にぐう)の大饗(だいきやう)と同日に摂政関白家が、大臣以下の上達部(かんだちめ)を招いて催す饗宴で、大饗と別に変りがない。)五位も、外の侍たちにまじつて、その残肴(ざんかう)の相伴(しやうばん)をした。当時はまだ、取食み(とりばみ)の習慣がなくて、残肴は、その家の侍が一堂に集まつて、食ふ事になつてゐたからである。尤(もつと)も、大饗に等しいと云つても昔の事だから、品数の多い割りに碌な物はない、餅、伏菟(ふと)、蒸鮑(むしあはび)、干鳥(ほしどり)、宇治の氷魚(ひを)、近江(あふみ)の鮒(ふな)、鯛の楚割(すはやり)、鮭の内子(こごもり)、焼蛸(やきだこ)、大海老(おほえび)、大柑子(おほかうじ)、小柑子、橘、串柿などの類(たぐひ)である。唯、その中に、例の芋粥があつた。五位は毎年、この芋粥を楽しみにしてゐる。が、何時も人数が多いので、自分が飲めるのは、いくらもない。それが今年は、特に、少かつた。さうして気のせゐか、何時もより、余程味が好い。そこで、彼は飲んでしまつた後の椀をしげしげと眺めながら、うすい口髭についてゐる滴を、掌で拭いて誰に云ふともなく、「何時になつたら、これに飽ける事かのう」と、かう云つた。

「大夫殿は、芋粥に飽かれた事がないさうな。」

五位の語が完らない中に、誰かが、嘲笑つた。錆のある、鷹揚な、武人らしい声である。五位は、猫背の首を挙げて、臆病らしく、その人の方を見た。声の主は、その頃同じ基経の恪勤になつてゐた、民部卿時長の子藤原利仁である。肩幅の広い、身長の群を抜いた逞しい大男で、これは、を噛みながら、黒酒の杯を重ねてゐた。もう大分酔がまはつてゐるらしい。

「お気の毒な事ぢやの。」利仁は、五位が顔を挙げたのを見ると、軽蔑と憐憫とを一つにしたやうな声で、語を継いだ。「お望みなら、利仁がお飽かせ申さう。」

始終、いぢめられてゐる犬は、たまに肉を貰つても容易によりつかない。五位は、例の笑ふのか、泣くのか、わからないやうな笑顔をして、利仁の顔と、空の椀とを等分に見比べてゐた。

「おいやかな。」

「……」

「どうぢや。」

「……」

五位は、その中に、衆人の視線が、自分の上に、集まつてゐるのを感じ出した。答へ方一つで、又、一同の嘲弄を、受けなければならない。或は、どう答へても、結局、莫迦(ばか)にされさうな気さへする。彼は躊躇(ちうちよ)した。もし、その時に、相手が、少し面倒臭そうな声で、「おいやなら、たつてとは申すまい」と云はなかつたなら、五位は、何時(いつ)までも、椀と利仁とを、見比べてゐた事であらう。

彼は、それを聞くと、慌(あわただ)しく答へた。

「いや……忝(かたじけな)うござる。」

この問答を聞いてゐた者は、皆、一時に、失笑した。「いや……忝うござる。」――かう云つて、五位の答を、真似る者さへある。所謂、橙黄橘紅(とうくわうきつこう)を盛つた窪坏(くぼつき)や高坏の上に多くの揉(もみ)烏帽子や立(たて)烏帽子が、笑声と共に一しきり、波のやうに動いた。中でも、最(もつとも)、大きな声で、機嫌よく、笑つたのは、利仁自身である。

「では、その中に、御誘ひ申さう。」さう云ひながら、彼は、ちよいと顔をしかめた。こみ上げて来る笑と今飲んだ酒とが、喉で一つになつたからである。「……しかと、よろしいな。」

「忝うござる。」

五位は赤くなつて、吃(ども)りながら、又、前の答を繰返した。一同が今度も、笑つたのは、云ふまでもない。それが云はせたさに、わざわざ念を押した当の利仁に至つては、前よりも一層可笑(をか)しさうに広い肩をゆすつて、哄笑(こうせう)した。この朔北(さくほく)の野人は、生活の方法を二つしか心得てゐない。一つは酒を飲む事で、他の一つは笑ふ事である。

しかし幸(さいはひ)に談話の中心は、程なく、この二人を離れてしまつた。

これは事によると、外の連中が、たとひ嘲弄にしろ、一同の注意をこの赤鼻の五位に集中させるのが、不快だつたからかも知れない。兎に角、談柄(だんぺい)はそれからそれへと移つて、酒も肴(さかな)も残少(のこりずくな)になつた時分には、某(なにがし)と云ふ侍学生(がくしやう)が、行縢(むかばき)の片皮へ、両足を入れて馬に乗らうとした話が、一座の興味を集めてゐた。が、五位だけは、まるで外の話が聞えないらしい。恐らく芋粥の二字が、彼のすべての思量を支配してゐるからであらう。前に雉子(きぎす)の炙(や)いたのがあつても、箸をつけない。黒酒の杯があつても、口を触れない。彼は、唯、両手を膝の上に置いて、見合ひをする娘のやうに霜に犯されかかつた鬢(びん)の辺まで、初心(うぶ)らしく上気しながら、何時までも空になつた黒塗の椀を見つめて、多愛もなく、微笑してゐるのである。……

日本古典文学摘集

平家物語 巻第七

忠度都落

薩摩守忠度は何処よりか帰られたりけん侍五騎童一人我が身共に直甲七騎取つて返し五条三位俊成卿の許におはして見給へば門戸を閉ぢて開かず。

忠度と名乗り給へば落人帰り来たれりとてそのうち騒ぎ合へり薩摩守高らかに申されけるは別の子細は候ふまじ三位殿に申すべき事あつて忠度が帰り参つて候ふ

門を開けられずともこの際まで立ち寄り給へ申すべき事の候ふと申されたりければ俊成卿 さる事ありその人ならば苦しかるまじ開けて入れ申せとて門を開けて対面ありけり 事の体何となう物哀れなり 薩摩守申されけるは 先年申し承つて後は努々疎略を存ぜずとは申しながらこの二三箇年は京都の騒ぎ国々の乱れ併しながら当家の身の上に罷り成つて候へばおろかならぬ事にのみ思ひ参

らせ候へども常に参り寄る事も候はず君既に都を出ださせ給ひぬ一門の運命も今日はや尽き果て候ふそれにつき候ひては撰集の御沙汰あるべき由承つて候ひしかば生涯の面目に一首なりとも御恩を蒙らうと存じ候ひつるにやがて世の乱れ出で来てその沙汰なく候ふ条ただ一身の嘆きと存ずる候ふもしこの後世鎮まつて勅撰集の御沙汰候はばこれに候ふ巻物の中にさりぬべきもの候はば一首なりとも御恩蒙つて草の陰までも嬉しと存じ候はば遠き御守りにてこそ候はんずらめとて日比詠み置かれたる歌共の中に秀歌と思しきを百余首書き集められたりける巻物を今はとてうち立たれける時これを取つて持たりけるを鎧の引き合はせより取り出でて俊成卿に奉らる三位これを開いて見てかやうに忘れ形見を給はり候ふ上は努々疎略を存ずまじう候ふ

さても只今の御渡りこそ情も深う哀れも殊に優れて感涙押さへ難うこそ候へ

今は屍を山野に曝さば曝せ憂き名を西海の波に流さば流せ今は憂き世に思ひ置く事なしさらば暇申してとて馬にうち乗り甲の緒を締め西を指してぞ歩ませ給ふ 三位後ろを遥かに見送つて立たれたれば忠度の声と思しくて前途程遠

馳思於雁山夕雲と高らかに口遊み給へば俊成卿いとど哀れに覚えて涙を押さへて入り給ひぬ その後世鎮まりて千載集を撰ぜられけるに忠度のありし有様云ひ置きし言の葉今更思出でて哀れなりければ件の巻物の中にさりぬべき歌幾らもありけれどもその身勅

勘の人なれば名字をば顕されず

故郷の花といふ題にて詠まれたりける歌一首ぞ 詠み人知らずと入れられたる

さざ浪や志賀の都はあれにしをむかしながらの山ざくらかな

その身朝敵となりぬる上は子細に及ばずといひながら恨めしかりし事共なり

熊

壺井繁治

三月半ばだというのに
今朝は珍しい大雪だ
長靴をはいて
雪の中をざくざく歩くと
これはまたわが足跡のなんと大きなこと
東京のまん中で熊になった
人間は居らぬか
人間という奴は居らぬか

「壺井繁治全詩集― 戦時下」より [中学1年]

あどけない話

高村光太郎

智恵子は東京に空が無いといふ、
ほんとの空が見たいといふ。

私は驚いて空を見る。

桜若葉の間に在るのは、

切つても切れない

むかしなじみのきれいな空だ。

どんよりけむる地平のぼかしは

うすもも色の朝のしめりだ。

智恵子は遠くを見ながら言ふ。

阿多多羅山(あたたらやま)の山の上に

毎日出てゐる青い空が

智恵子のほんとの空だといふ。

あどけない空の話である。

「智恵子抄」より [高校2年]

雨ニモマケズ

宮沢賢治

雨ニモマケズ

風ニモマケズ

雪ニモ夏ノ暑サニモマケヌ

丈夫ナカラダヲモチ

慾ハナク

決シテ瞋(いか)ラズ

イツモシヅカニワラッテヰル

一日ニ玄米四合ト

味噌ト少シノ野菜ヲタベ

アラユルコトヲ

ジブンヲカンジョウニ入レズニ

ヨクミキキシワカリ

ソシテワスレズ

野原ノ松ノ林ノ蔭ノ

小サナ萓(かや)ブキノ小屋ニヰテ

東ニ病気ノコドモアレバ

行ッテ看病シテヤリ

西ニツカレタ母アレバ

行ッテソノ稲ノ束ヲ負ヒ

南ニ死ニサウナ人アレバ

行ッテコハガラナクテモイヽトイヒ

北ニケンクヮヤソショウガアレバ

ツマラナイカラヤメロトイヒ

ヒドリノトキハナミダヲナガシ

サムサノナツハオロオロアルキ

ミンナニデクノボ　トヨバレ

ホメラレモセズ

クニモサレズ

サウイフモノニ

ワタシハ

ナリタイ

(自筆の手帳より) [中学2年]

小景異情(その二)

室生犀星

ふるさとは遠きにありて思ふもの

そして悲しくうたふもの

よしや

うらぶれて異土の乞食(かたい)となるとても

帰るところにあるまじや

ひとり都のゆふぐれに

ふるさとおもひ涙ぐむ

そのこころもて

遠きみやこにかへらばや

遠きみやこにかへらばや

「抒情小曲集」より [高校一年]

寂しき春

室生犀星

したたり止まぬ日のひかり

うつうつまはる水ぐるま

あをぞらに

越後(えちご)の山も見ゆるぞ

さびしいぞ

一日(いちにち)もの言はず

野にいでてあゆめば

菜種のはなは波をつくりて

いまははや

しんにさびしいぞ

「抒情小曲集」より [中学3年]

朝を愛す

室生犀星

僕は朝を愛す
日のひかり満ち亘(わた)る朝を愛す
朝は気持が張り詰め
感じが鋭く
何物かを嗅(か)ぎ出す新しさに餓(う)ゑてゐる
朝ほど濁らない自分を見ることがない
朝は生れ立ての自分を遠くに感じさせる
朝は素直(すなお)に物が感じられ
頭はハッキリと無限に広がってゐる
木立を透く冬の透明さに似てゐる
昂奮さへも静かさを持って迫って来るのだ
朝の間によい仕事をたぐりよせ
その仕事の精髄を掴(つか)み出す快適さを感じる
自分は朝の机の前に坐(すわ)り
暫(しば)らく静かさを身に感じるため
動かずじっとしてゐる
じっとしてゐる間に朝のよい要素が自分を囲(かこ)ひ

自然のよい作用が精神発露となる迄(まで)

自分は動かず多くの玲瓏(れいろう)たるものに烈(はげ)しく打たれてゐる

「日本詩集」より [高校3年]

自分はいまこそ言はう

山村暮鳥

なんであんなにいそぐのだらう
どこまでゆかうとするのだらう
どこで此の道がつきるのだらう
此の生の一本みちがどこかでつきたら
人間はそこでどうなるだらう
おお此の道はどこまでも人間とともにつきないのではないか
谿間(たにま)をながれる泉のやうに
自分はいまこそ言はう
人生はのろさにあれ
のろのろと蝸牛(ででむし)のやうであれ
そしてやすまず
一生に二どと通らぬみちなのだからつつしんで

自分は行かうと思ふと

「風は草木にささやいた」より [中学2]

落葉松（からまつ）

北原白秋

一

からまつの林を過ぎて、

からまつをしみじみと見き。

からまつはさびしかりけり。

たびゆくはさびしかりけり。

二

からまつの林を出（い）でて、

からまつの林に入（い）りぬ。

からまつの林に入（い）りて、

また細く道はつづけり。

三

からまつの林の奥も

わが通る道はありけり。

霧雨(きりさめ)のかかる道なり。

山風のかよふ道なり。

四

からまつの林の道は

われのみか、ひともかよひぬ。

ほそぼそと通ふ道なり。

さびさびといそぐ道なり。

五

からまつの林を過ぎて、

ゆゑしらず歩みひそめつ。

からまつはさびしかりけり、

からまつとささやきにけり。

六

からまつの林を出(い)でて、

浅間嶺(あさまね)にけぶり立つ見つ。

浅間嶺にけぶり立つ見つ。

からまつのまたそのうへに。

七

からまつの林の雨は
さびしけどいよよしづけし。
かんこ鳥鳴けるのみなる。
からまつの濡(ぬ)るるのみなる。

八

世の中よ、あはれなりけり。
常なけどうれしかりけり。
山川(やまがわ)に山がはの音、
からまつにからまつのかぜ。

「水墨集」より [中学３年]

小諸(こもろ)なる古城のほとり

島崎藤村

小諸なる古城のほとり
雲白く遊子(ゆうし)悲しむ

緑なすはこべは萌(も)えず
若草も籍(し)くによしなし
しろがねの衾(ふすま)の岡辺(おかべ)
日に溶けて淡雪流る

あたたかき光はあれど
野に満つる香りも知らず
浅くのみ春は霞(かす)みて
麦の色はつかに青し
旅人の群れはいくつか
畠中(はたなか)の道を急ぎぬ

暮れゆけば浅間も見えず
歌哀(かな)し佐久(さく)の草笛
千曲(ちくま)川いざよふ波の
岸近き宿にのぼりつ
濁り酒濁れる飲みて
草枕(くさまくら)しばし慰む

「落梅集」より [高校2年]

椰子(やし)の実

島崎藤村

名も知らぬ遠き島より
流れ寄る椰子の実一つ
故郷(ふるさと)の岸を離れて
汝(なれ)はそも波に幾月

旧(もと)の樹(き)は生ひや茂れる
枝はなほ影をやなせる

われもまた渚(なぎさ)を枕
孤身(ひとりみ)の浮き寝の旅ぞ

実をとりて胸にあつれば
新たなり流離の憂ひ
海の日の沈むを見れば
激(たぎ)り落つ異郷の涙
思ひやる八重の潮々
いづれの日にか国に帰らん

「落梅集」より [中学3年]

俳句

松尾芭蕉

古池やかはず飛びこむ水の音

行く春を近江の人とをしみける

秋深き隣は何をする人ぞ

梅が香にのつと日の出る山路かな

葱(ねぎ)白く洗ひたてたる寒さかな

この道や行く人なしに秋の暮れ

旅に病んで夢は枯れ野をかけめぐる

与謝蕪村

春の海ひねもすのたりのたりかな

菜の花や月は東に日は西に

行く春やおもたき琵琶の抱きごころ

五月雨(さみだれ)や大河(たいが)を前に家二軒

地車(じぐるま)のとゞろとひゞく牡丹(ぼたん)かな

門(もん)を出(いず)れば我(われ)も行人秋(ゆくひとあき)のくれ

月天心貧(つきてんしんまず)しき町(まち)を通(とお)りけり

鳥羽殿へ五六騎急ぐ野分かな

白梅に明くる夜ばかりとなりにけり

斧入れて香に驚くや冬木立

葱買(ねぶかこう)て枯木(かれき)の中(なか)を帰りけり

宿(やど)かせと刀投出(かたななげだ)す雪吹(ふぶき)哉(かな)

小林一茶

痩蛙まけるな一茶ここにあり

あの月をとってくれろと泣く子かな

うつくしや障子の穴の天の川

ともかくもあなたまかせの年の暮れ

これがまあつひのすみかか雪五尺

雀(すずめ)の子(こ)そこのけそこのけ御馬(おうま)が通(とお)る

我(われ)と来て遊(あそ)べや親(おや)のない雀(すずめ)

目出度(めでた)さもちう位也(くらいなり)おらが春(はる)

む(う)まさ(そ)うな雪がふうは(わ)りふは(わ)り哉(かな)

正岡子規

いくたびも雪の深さをたづねけり

糸瓜(へちま)咲いて痰(たん)のつまりし仏(ほとけ)かな

痰一斗(たんいっと)瓜(へちま)の水も間(ま)にあは(わ)ず

中村草田男

降る雪や明治は遠くなりにけり

焼け跡にのこる三和土(たたき)や手まりつく

万緑の中や吾子(あこ)の歯生え初むる

山口誓子

学問のさびしさに堪へ炭をつぐ

つきぬけて天上の紺曼珠沙華(まんじゅしゃげ)

夏草に機罐車の車輪来てとまる

高浜虚子

桐一葉日当りながら落ちにけり

てまりうたかなしきことをうつくしく

流れ行く大根の葉の早さかな

河東碧梧桐

赤い椿白い椿とおちにけり

春寒し水田の上の根なし雲

師走の人中の懐の手の汗

杉田久女

紫陽花に秋冷(しゅうれい)いたる信濃かな

谺して山ほととぎすほしいまま

夏目漱石

あるほどの菊なげ入れよ棺の中

すみれほどな小さき人に生まれたし

村上鬼城

冬蜂の死にどころなく歩きけり

八重桜地上にゑがく大伽藍

生きかはり死にかはりして打つ田かな

尾崎放哉

足のうら洗へば白くなる

咳をしても一人

入れものが無い両手で受ける

種田山頭火

分け入っても分け入っても青い山

うしろすがたのしぐれてゆくか

どうしようもないわたしが歩いてゐる

短歌

正岡子規

くれなゐの二尺伸びたるばらの芽の針やはらかに春雨のふる

いちはつの花咲きいでてわが目には今年ばかりの春行かんとす

瓶にさす藤の花ぶさみじかければたたみの上にとどかざりけり

若山牧水

白鳥(しらとり)は哀(かな)しからずや空の青海のあをにも染まずただよふ

幾山河越えさり行かば寂しさのはてなむ国ぞ今日も旅ゆく

けふもまたこころの鉦(かね)をうち鳴(なら)しうち鳴しつつあくがれて行く

北原白秋

春の鳥な鳴きそ鳴きそあかあかと外(と)の面(も)の草に日の入る夕(ゆうべ)

病める児はハモニカを吹き夜にいりぬもろこし畑の黄なる月の出

ヒヤシンス薄紫に咲きにけりはじめて心ふるひそめし日

石川啄木

東海の小島のいその白砂にわれ泣きぬれてかにとたはむる

いのちなき砂のかなしさよさらさらと握れば指のあひだより落つ

友がみなわれよりえらく見ゆる日よ花を買ひ来て妻としたしむ

ふるさとの訛なつかし停車場の人ごみの中にそを聴きにゆく

はたらけどはたらけどなほわが生活(くらし)楽にならざりぢつと手を見る

伊藤左千夫

牛飼ひが歌詠む時に世の中のあたらしき歌大いに起こる

おりたちて今朝の寒さを驚きぬ露しとしとと柿の落ち葉深く

天地の四方の寄合を垣にせる九十九里の浜に玉拾い居り

与謝野晶子

その子二(はたち)十櫛にながるる黒髪のおごりの春のうつくしきかな

やは肌のあつき血汐にふれも見でさびしからずや道を説く君

清水へ祇園をよぎる桜月夜こよひ逢ふ人みなうつくしき

海恋し潮の遠鳴りかぞへては少女となりし父母の家

はてもなく菜の花つづく宵月夜母がうまれし国美しき

近藤芳美

たちまちに君の姿を霧とざし或る楽章をわれは思ひき

戦争を拒まむとする学生ら黒く喪の列の如く過ぎ行く

고문단어(古文単語)

외우면 득이 되는 고어단어 모음

あ行

	단어	의미	ゴロ合わせ文
001	あいなし	재미없다, 흥미가 없다, 흥이 깨지다, 마음에 들지 않다	愛なしではつまらない。
002	あからさまなり	그저 조금, 아주 근소한	「あ」から「さ」までほんのちょっと。
003	あく	만족하다, 싫어지다, 지긋지긋하다	悪代官、年貢ガッポリ満足する。が、少し自分が嫌になる。
004	あさまし	의외다, 비참하다, 흥이 깨지다	朝飯(あさまし)を力士が抜くとは意外だ。
005	あし	나쁘다, 천하다。	(「悪し」→悪い)
006	あした	아침	あしたの朝。
007	あそぶ	시가, 음악을 해서 즐기다,음악을 연주하다。	遊ぶなら詩歌・音楽をして楽しむ貴族たち。
008	あぢきなし	재미없다, 지향이 없다	味気なくてつまらない。
009	あな	어라	穴から、ああ、校長が出てきた。
010	あはれ	은은한 멋, 정취가 있는 。	あわれな話の中に何かしみじみとした趣が。
011	あまた	많은, 남은。	余ったたくさん、どうするの？
012	あやし	이상하다, 기분이 나쁘다, 싫어지다	あやしい奴は不思議にも身分が低い。
013	あらまほし	그랬으면 좋겠다, 바람직하다	(「あり」+「まほし」→あってほしい。)
014	あり	존재하다	アリの巣が存在する。
015	ありがたし	희귀하다, 드물다。	(「有り難し」→有ることが難しい→珍しい)
016	いかで	어째서	一家で筋トレ大ブーム。どうして？

017	いかなる	어떤, 어떻게	胃が鳴るのはどういう仕組み?
018	いかに	왜, 어떻게	イカになぜ手が十本ある?
019	いざ	자	居酒屋でさあ飲もう。
020	いたづら	허무하다, 헛되다, 도움이 되지 않다。	いたずら失敗、むなしい結果。 ※「いたづらになる」は「死ぬ」という意味。
021	いづ	나가다	居づらくて出るハメに。
022	いづこ	어디	いづ子ちゃんはどこですか?
023	いつしか	어느 새인가。	五つしかないはずがいつの間にか六つに。
024	いづれ	어느 쪽	いずれまた会おうと言ったのはどちらでしょう?
025	いと	매우, 상당히 (나중에 부정이 와서)그다지…(않다)	糸がとても長い。
026	いとど	점점 더욱더。	糸どんどん使っていよいよ終わり。
027	いとほし	가엾다。	伊藤氏が気の毒だ。
028	いにしへ	옛날	胃にしみる昔のお酒。
029	いぬ	가버리다, 떠나다(가다) 죽다 (떠나다) 자다(잠들다)	犬が行ってしまう。
030	いはく	말하는 것에는, 이르되。	岩食いながら言うことには~
031	いまはむかし	이제 생각하면 옛날의 일	今(となって)は昔(のことだが)←カッコ部分を 補うだけ
032	いみじ	힘들다(바람직하지 않은 경우에 사용) 대단하다(칭찬할 경우에 사용)	胃みじかくて消化が大変だけどすばらしい消化力。
033	いらふ	대답하다。	いらん事を答えて怒られる。
034	うし	괴롭다。	うしろは崖っぷち、つらい犯人。
035	うしろめたし	걱정이다, 불안하다。	後ろ見たら誰かいそうで心配だ。
036	うす	죽다, 꺼지다, 없어지다。	うっすら毛根が死ぬ。

037	うたてし	비참하다	歌って失神、なさけない。
038	うつくし	귀엽다	美しい人は昔もかわいい。
039	うとし	잘 모르다, 무관심하다	うっとうしいからよく知らないし、無関心だ。
040	うれふ	걱정하다, 한탄, 호소하다。	売れフンドシを。売れるかどうか心配だと嘆き訴える。
041	え~打ち消し	~할 수 없다	え～？できない！
042	おきつ	명령하다	大っきいツキノワグマに人里に来ないよう命令する。
043	おきな	노인, 할아버지	大きなおじいさんの古時計。
044	おくる	앞세우다, 살아남다	送ると先立たれる不幸の手紙。
045	おこたる	병이 낫다	(怠る→ばい菌が仕事を怠る→病気が治る)
046	おこなふ	불도수행을 하다	(昔は仏道が盛ん→仏道修行をする)
047	おどろく	눈 뜨다, 눈이 떠지다	驚いて目を覚ます。
048	おのづから	자연스럽게, 저절로。	(「自ら」→自然に・ひとりでに)
049	おのれ	자기 스스로,	(ゴロ合わせ省略)
050	おはす	있으시다, 이시다	おわ、すごい美人がいらっしゃるッ。
051	おほかた	일반적으로(부사) 일반 세상(명사)	おおかたうわさは一般に嘘である。
052	おぼしめす	생각되다, 생각하시다(높임말)。	(この)煮干(は)メス？とお思いになる。
053	おほす	말씀하시다	オッスとおっしゃる。
054	おぼゆ	생각되다	(「覚ゆ」→覚える→自覚する→思われる)
055	おろかなり	거칠다. 대강하다	愚か者はいいかげんだ。

か行

056	かかる	이런	かかる液体がこのような塩酸では危ないぞ。

057	かぎりなし	그 이상은 없다, 최고다	(限りがない→上限がない→この上ない)
058	かく	이렇게	書くときこのようにすればキレイな字。
059	かげ	빛, 모습, 모형	(意味に注意。「姿」については"人影"と今も言う)
060	かしこし	황공하다 두렵고, 무섭다。	賢い人はおそれおおいがこわいとも思う。
061	かしづく	소중하게 간직하다	菓子作り、生地を大切に育てる。
062	かた	방향, 방법, 시기	(「方」→方向・方法時間的な方向→時期)
063	かたし	어렵다	(漢字で「難し」と書く。→難しい)
064	かたち	모습, 얼굴 생김새, 상태。	(人の形→姿・顔だち・様子)
065	かたはらいたし	보기 흉하다, 부끄럽다	片腹痛くてみっともない格好で恥ずかしい。
066	かたへ	사이 한 쪽。	肩へ仲間がかたほうの手を置いた。
067	かたみに	서로	形見の品々を互いに分け合う。
068	かづく	상을 받다, 상을 주다 잠수 타다	カズ君がほうびを頂き、水中にもぐる。
069	かど	재능。	角に足の小指をぶつける才能。
070	かなし	귀엽다。	悲しいけれどかわいい子には旅をさせよ。
071	～がり	～있는 곳에。	角刈りの奴のところへ行こう。
072	かる	떨어지다, 멀어지다	軽くて風に舞い遠ざかるヅラ。
073	き	～이다(과거) (※84참고)	急所に蹴りを入れた。(「き・し・しか」と活用する)
074	きこしめす	듣다	金庫湿った理由をお聞きになる。
075	きこゆ	말씀드리다, 여쭈다。	聞こえるように申し上げる。
076	ぐす	데려가다	ぐっさん(山口さん)を連れて行く。
077	くだる	도시로부터 지방으로 가다	(ゴロ合わせ省略。ちなみに『下り線』と今も言う。)

078	くちをし	유감이다	口オッサン化して残念だ。
079	けう	희귀하다	毛、うどん並に太いとは珍しい。
080	けしき	모습, 태도, 표정, 기회	(人の景色→様子、態度、表情、機嫌)
081	げに	과연, 정말	下人、なるほど生活苦しい。
082	けはひ	분위기 태도	毛、倍になった雰囲気。
083	けむ	~했을 것이다(과거추량)	検問で引っ掛かっただろう、あの改造車は。
084	けり	~이다 (과거), ~구나 (영탄)	急所に蹴りを入れた。(※73と同じゴロ合わせ文)
085	こ	이것	(ゴロ合わせ省略)
086	ここち	기분	心地よい気持ち。
087	こころうし	괴롭다, 불유쾌하다	(心憂し→心が憂うつ→つらい·不愉快だ)
088	こころなし	인정이 없다, 배려가 없다	(心なし→心がない→思いやりがない)
089	こと	말, 와카(和歌), 다른 것과 비교해서 뛰어난 모습.	(「言」「事」「殊」「異」など、「こと」は色々あるので注意。)
090	ごとし	~인 것 같다(비교, 비유)	強盗して捕まるようなマネをするな。
091	ことわり	사리, 도리.	断り方にも筋道、道理がある。

さ行

092	さ	그래, 그렇게	さぁ、そういうことは知らないねぇ。
093	さうざうし	어딘지 부족하다, 불만스럽다	想像しただけでは物足りない。
094	さうなし	비교할 것이 없다, 대단하다	サウナしんどいけど素晴らしい。
095	さうらふ さぶらふ	모시다, 섬기다, 있습니다, 있습니다 (존경어)	三郎にお仕え申し上げる。 ※「さうらふ」は男性が、「さぶらふ」は女性が用いた。
096	さがなし	패악하다	魚死なせたたちが悪いいたずら。
097	さとし	현명하다	さとしくんは賢いゾ。
098	さま	모습, 멋	(「様」→様子·趣)

099	さらなり	말 할 필요까지 없다	皿投げたら言うまでもなく割れた。
100	さらに	(나중에 부정이 와서)결코, 절대로	皿に決してラクガキするな。
101	さらば	그렇게 되면	(さらば→「さ」+「あらば」→それならば)
102	さりとて	그렇다고 해서	(「さ」+「あり」+「とて」→そうかといって)
103	さる(連体詞) さる(動詞)	훌륭한, 그런, 오다, 가까이 가다, 멀어지다, 멀리하다	サルに立派な衣装 (「さ」+「ある」→そのような) サル遠ざかったと思ったらこっちに来る。
104	じ	~하지 않을 예정이다(부정 의지) ~없을 것이다(부정 추량)	痔(ぢ)にまさかならないだろう。 ※「え~じ」→~できないだろう。
105	しのぶ	참다, 그리워하다	(耐え忍ぶ→我慢する) (昔を偲ぶ→懐かしむ)
106	しばし	잠시	しばしばしばらく休憩。
107	しむ	~하게 하다(사역)	下ネタを言わせる。
108	しるし	이익, 효과, 조짐, 징조증거	(ゴロ合わせ省略)
109	す	하다	(様々な動詞の代わりをする。現在の「する」と同じ。)
110	ず	~않다(부정)	(ゴロ合わせ省略)
111	すさまじ	흥이 깨지다	すさまじく馬鹿馬鹿しくて興ざめだ。 ※興ざめ…今風に言うとテンションが下がってシラける こと
112	すなはち	바로, 즉각	すなわち、すぐにやれということか。
113	すべ	방법, 수단	スベスベお肌になる方法。
114	せうそこ	편지, 편지를 쓰는 것。	そう、そこに手紙あるよ。(「せうそこ」は漢字で「消息」)
115	そうす	(천황에게)말씀드리다	そうッス!と天皇に申し上げる。
116	そこら	많이	そこらへんにたくさんあります。

た行

117	たがふ	다르다, 거스르다	(「違う」→違う・さからう)
118	たぐひ	동류, 종류, 동료 어울리는 것, 필적하는 것。	(「類・比」→同類・種類・仲間・つりあうもの)
119	たてまつる	드리다(동사)~해 드리다, ~하다(보조동사)	盾祭りで盾をお作り申しあげる。
120	~だに	적어도…만이라도	せめてダニだけでも駆除しよう。
121	たのむ	믿다, 신뢰하다	頼みこんであてにする、信頼する。
122	たまはる	받다	たまご割って中身をいただく。
123	たまふ	주시다(동사)~하시다(보조동사)	玉踏んでお転びになる。
124	ためし	예, 본보기	ためしに手本を見せてくれ。
125	たり	~다(완료) ~하고 있다(존속)	足りているよ 。
126	ちぎり	약속	ちぎっちゃだめという約束。
127	ちご	아이	ちっこい幼児。
128	つ	~다(완료)	つかんで投げた。
129	つか(う)まつる	섬겨 드리다, 섬기다。	塚祭って神にお仕え申し上げる。
130	つきづきし	상응하다, 어울리다。	月月！夜にふさわしい。
131	つごもり	월말。	月終わり(つごもり)は月末。←ちと苦しいか
132	つつむ	사양하다, 숨기다	つつむ→つつしむ(慎む)→遠慮する つつむ→つつみかくす→隠す
133	つとめて	아침 일찍	勤め先には早朝に行く。
134	つゆ	(뒤에 부정이 와서)조금도, 전혀	梅雨が少しも終わらない。
135	つれづれ	지루하다。	釣り釣り魚釣れなくて退屈だ。
136	て(手)	손, 수하, 부하, 문자, 필적, 수단, 상처	(色々な意味があるので注意。)
137	~で	~하지 말고	でっかいパンツ履いて来ないでお願いだから。
138	とかく	어쨌든, 이것 저것	「と」書く、とにかくそれだけを書く。
139	とし	빠르다	年が過ぎるのは早いのう。

140	としごろ	긴 시간	年頃の少年も長年たてばオッサンに。
141	~とて	~라고 말하고, ~라고 생각하고	取って!と言ってみる。
142	とみ	급히, 서둘러, 빨리。	富竹くん、急に学校に来る。
143	ども	~지만	どうもと挨拶したけれども。

な行

144	なかなか	과거에, 옛날에	なかなかかえって大変だ。
145	ながむ	생각에 잠기면서 멍하니 바라보며 시가를 읊는다, 읊다	眺む→眺める→物思いに沈みながらぼんやり見る。 長ッ。むっちゃ長ッ。そんな長い和歌を詠むの?
146	な~そ	~하지 마라	7回も遭難するな!
147	など	어째서, 왜	なぁどうして?
148	なにがし	어디어디, 아무개	何菓子?どこそこで売ってるわたがし。
149	なほ	더욱더, 역시	なおいっそう盛り上がるパーティ会場。
150	なほざり	등한시 하다, 소홀	なお、ざりがに料理はいいかげんにせぬように。
151	なり	~다(단정) ~에 있다(존재)	成田空港だ。
152	なんぢ	너(통상, 대등, 아랫사람에게 사용)	何時におまえは来るのかな。
153	な(ん)でふ	어째서(~까, 당치않다). (반어)	何で二人でどうして来ることがあろうか、いやない。
154	~にあらず	~는 아니다	(ゴロ合わせ省略)
155	にはか	갑자기	にわか雨が急に降り出した。
156	ぬ	~다(완료)	ぬけたらハゲた。 ※ぬ+体言の場合、意味(用法)は打ち消しなので注意。
157	ねんごろなり	친절하다。	寝る頃、布団を敷いてくれた。親切である。

158	ねんず	참다, 견디다	念じ終わるまで我慢する。
159	の	~이/가	(主語を表す「の」。 父の帰る日→父が帰る日)
160	のたまふ	말씀하시다	乗ったままおっしゃる。
161	ののしる	큰 소동이다	脳の汁出て大騒ぎする。
162	~のみ	~만/뿐	(ゴロ合わせ省略)

は行

163	ば	(ア단+「ば」의 경우)만약~한다면/라면, (エ단+「ば」의 경우)~이기 때문에, ~이므로	アバラがもし折れたならば、ええバンソーコーあげるので我慢して。
164	ばかり	정도 만	約1000円ばかり→ぐらい 1000円札ばっかり→だけ
165	はしたなし	쑥스럽다, 애매하다, 어중간하다。	はしたないと決まりが悪くて中途半端だ。
166	はた	역시, 아니면, 혹은	はたらきバチは、やはりよく働くのか、 それとも意外と働かなかったりするのか。
167	はづかし	훌륭하다。	(こちらが)恥ずかしくなるほど相手がりっぱだ。
168	はな	매화, 벚꽃。	(ゴロ合わせ省略)
169	はべり	~입니다, ~합니다。	はべらかせてみたいです。
170	~ばや	~하고 싶다	バーミヤ○で中華が食べたい。
171	ひねもす	하루 종일	昼寝もするよ一日中。
172	ふみ	책 편지 한시, 학문	(「文・書」→書物・手紙・漢詩・学問)
173	べし	~임에 틀림없다(강한추량) ~할 것이다(강한 의지)	別室にアノ有名人がいるにちがいない。
174	ほい	본래의 목적, 본래의 의지。	(「本意」→本来の目的・本来の意志。)
175	ほど	처지 시간, 때 정도	(「程」→身分・時間・とき・程度)

ま行

176	まうづ	참배하다, 찾아뵙다	もうずっとお参りしているおばあちゃん。
177	まし	~일 텐데(반실가상)	マシン(単車のこと)があれば乗るだろうに。 ※「…ましかば~まし」→ もし…だったら~だろうに
178	まじ	~하지 않을 것이다(강한 부정 의지) ~할 것도 없다(강한 부정추량) ~해서는 안된다(부정의 당연)	マジでジャ●アンは歌ってはならない。 ※「え~まじ」→~できないにちがいない。
179	まほし	~하고 싶다(희망)	まぁ欲しい、買いたいな。 ☆あらまほし…「あってほしい」という意味。
180	~ままに	~의 대로, 한 대로 ~에 맡겨서(마음에 맡기다)	ママに言われた通りにやってみる。
181	まめなり	성실하다	豆な人はまじめだ。
182	まらうと	손님	麻呂とお客さん。
183	まゐる	찾아뵙다, 드시다	お参りに参上し、まんじゅうを召し上がる。
184	みかど	천황	ミカンどぉ?と天皇。
185	みゆ	보이다 생각되다, 느끼게 되다	(ゴロ合わせ省略)
186	む(ん)	~것이다(추량), ~해야지(의지) ~와 같은(완곡) ←「む+명사」의 때	むな毛が生えるだろう。ならば美しく生やそう。
187	むげなり	신분이 낮다심하다	むな毛なら自信ある、身分が低い者たち。
188	むつかし	귀찮다, 불쾌하다	難しい問題はわずらわしい。
189	めでたし	대단하다	めでたく合格!すばらしい!
190	ものぐるほし	정신이 이상하게 된 것 같다	(「物狂ほし」→気が変になりそうだ)

191	ものす	있다 가다, 오다 (※ 그밖에, 여러 가지의 동사 대신에 사용)	(「物す」→「モノ+する」→様々な意味に。)
や行			
192	やうやう	점점	ヨーヨーだんだん上手くなる。
193	やがて	바로 그대로	やがてすぐにトイレへそのまま直行。
194	~やは	~(것이다)까, 당치도 않다	やわらかいダイヤモンドがあろうか、いやない。
195	やまぎは	하늘의, 산에 접하는 부분	(「山際」→空の、山に接する部分)
196	やむごとなし	중요하다, 중대하다, 각별하다	やることないけど大切に時間を使おう。
197	ゆかし	가고 싶다, 보고 싶다, 듣고 싶다。	(「行かし」→行きたい。) (行ってみたいという気持ちから→見たい。聞きたい。)
198	ゆゆし	불길하다, 대단하다, 훌륭하다	湯湯。死体ばかりで不吉だ。
199	ゆゑ	원인, 이유 ~때문에(원인, 이유를 나타내다)	胃炎の原因は日頃の不規則な生活のために起こる。
200	よし	이유, 수단, 방법	よし、理由を言ってみろ。
201	よしなし	어쩔 수 없다, 쓸모없다	予習なしでは分からなくても仕方がない。 ※「よしなしごと」…とりとめもないこと・つまらないこと
202	よすが	수단, 방법	止すがいい。他に手段があるはずだ。
203	よむ	시가를 만들다	(「詠む」→詩歌を作る)
204	~より	~에 의해(수단, 방법을 나타낸다)	寄り道することによって見付けた、新しいお店。
205	よろづ	모든,여러 가지	(「万」と書く。→すべて・いろいろ。)
ら・わ行			
206	り	~다(완료) ,~하고 있다(존속)	りんごを食べている人。
207	れい	여느 때, 보통 때	礼していつもの授業が始まる。

208	わざ	행위, 행실 일, 기술, 법요, 불사	(「業·態·技」→行為·おこない。仕事。技術。法要。仏事)
209	わびし	괴롭다	わびしいお食事つらいなぁ。
210	わらは	아이	笑われた子供。
211	われ	저	(「我」→わたくし)
212	ゐる	앉다	いるのなら座って待っといてね。
213	をかし	정취가 있다	日本のお菓子は趣がある。
214	をし	불쌍하다, 가엾다	(手放すのが惜しい→かわいい。いとしい)
215	をりふし	계절, 때, 시각	(「折節」→季節。時。時刻)
216	ん	(186의 조동사「む」와 같음), ~것이다(추량), ~해야지(의지), ~와 같은(완곡) ←「む+명사」의 때	(186と同じなので省略)

부록 활용표

동사 활용표

ラ행변격활용	ナ행변격활용	サ행변격활용	カ행변격활용	하2단활용	상2단활용	하1단활용	상1단활용	4단활용	활용의 종류
あり	死ぬ	爲	來	受く	起く	蹴る	着る	書く	예
あ	死	(爲)	(來)	受	起	(蹴)	(着)	書	어간
ラ행	ナ행	サ행	カ행	カ행	カ행	カ행	カ행	カ행	행
ら -a	な -a	せ -e	こ -o	け -e	き -i	け -e	き -i	か -a	미연형
り -i	に -i	し -i	き -i	け -e	き -i	け -e	き -i	き -i	연용형
り -i	ぬ -u	す -u	く -u	く -u	く -u	ける -e	きる -i	く -u	종지형
る -u	ぬる -u	する -u	くる -u	くる -u	くる -u	ける -e	きる -i	く -u	연체형
れ -e レ	ぬれ -e レ	すれ -e レ	くれ -e レ	くれ -e レ	くれ -e レ	けれ -e レ	きれ -i レ	け -e	이연형
れ -e	ね -e	せよ -e ヨ	こ(よ) -o (ヨ)	けよ -e ヨ	きよ -i ヨ	けよ -e ヨ	きよ -i ヨ	け -e	명령형

형용사 활용표

<table>
<tr><th colspan="2">シク활용</th><th colspan="2">ク활용</th><th>활용의 종류</th></tr>
<tr><td colspan="2">美し</td><td colspan="2">なし</td><td>예어</td></tr>
<tr><td colspan="2">美</td><td colspan="2">な</td><td>어간</td></tr>
<tr><td>しから</td><td>しく</td><td>から</td><td>く</td><td>미연형</td></tr>
<tr><td>しかり</td><td>しく</td><td>かり</td><td>く</td><td>연용형</td></tr>
<tr><td></td><td>し</td><td></td><td>し</td><td>종지형</td></tr>
<tr><td>しかる</td><td>しき</td><td>かる</td><td>き</td><td>연체형</td></tr>
<tr><td></td><td>しけれ</td><td></td><td>けれ</td><td>이연형</td></tr>
<tr><td>しかれ</td><td></td><td>かれ</td><td></td><td>명령형</td></tr>
</table>

형용동사 활용표

<table>
<tr><th colspan="2">タリ활용</th><th colspan="2">ナリ활용</th><th>활용의 종류</th></tr>
<tr><td colspan="2">堂 たり</td><td colspan="2">静かなり</td><td>예어</td></tr>
<tr><td colspan="2">堂</td><td colspan="2">静か</td><td>어간</td></tr>
<tr><td colspan="2">たら</td><td colspan="2">なら</td><td>미연형</td></tr>
<tr><td>と</td><td>たり</td><td>に</td><td>なり</td><td>연용형</td></tr>
<tr><td colspan="2">たり</td><td colspan="2">なり</td><td>종지형</td></tr>
<tr><td colspan="2">たる</td><td colspan="2">なる</td><td>연체형</td></tr>
<tr><td colspan="2">たれ</td><td colspan="2">なれ</td><td>이연형</td></tr>
<tr><td colspan="2">たれ</td><td colspan="2">なれ</td><td>명령형</td></tr>
</table>

조동사 활용표

미연형													접속
희망	부정추량	추량			부정			사역, 존경			자발 · 수동 가능 · 존경		조동사의 종류
まほし	じ	まし	むず	む[ん]	ず			しむ	さす	す	らる	る	
(まほしく) まほしから	○	ましか (ませ)	○	ま	ざら	(ず)	な	しめ	させ	せ	られ	れ	미연형
まほしく まほしかり	○	○	○	○	ざり	ず	に	しめ	させ	せ	られ	れ	연용형
まほし	じ	まし	むず	む[ん]		ず		しむ	さす	す	らる	る	종지형
まほしき まほしかる	じ	まし	むずる	む[ん]	ざる		ぬ	しむる	さする	する	らるる	るる	연체형
まほしけれ	じ	ましか	むずれ	め	ざれ		ね	しむれ	さすれ	すれ	らるれ	るれ	이연형
○	○	○	○	○	ざれ			しめよ	させよ	せよ	らるよ	れよ	명령형
형용사 (シク활용)형	특수형	특수형	サ변형	4단형	특수형			하2단형 (가능 · 자발) [る] [らる]에는 명령형이 없다					활용형
희망(…하고싶다)	부정 추량 (…아닐 것이다) 부정 의지 (…아닐 것이다)	반실가상 (혹시 …라고 한다면 …일 것이다)/…였던 것이다) 망설임의 의지(…일 것 일지도 모른다)	추량(…일 것 이다) 의지(…일 것 이다) 권유(정중하게 상대를 재촉하다), (…〈하지만〉 좋다) 가정·완곡 (…라면/ノヨウナ)		부정(…없다)			사역(…させる) 존경(…なさる/お…になる)			자발(자연と…なる) 수동(…られる) 가능(…できる) 존경(…なさる/お…になる)		주된 의미
								[す]는 4단, ナ형, ラ형 변동사, [さす]는 그 이외의 동사에 접속			[る]는 4단, な형, ラ형 변동사, [らる]는 그 이외의 동사에 접속		비고

조동사 활용표

연용형							
희망	추량	완료			회상(과거)		조동사의 종류
たし	けむ(けん)	たり	ぬ	つ	けり	き	
(たく) たから	○	たら	な	て	けら	(せ)	미연형
たかり	○	たり	に	て	○	○	연용형
	けむ	たり	ぬ	つ	けり	き	종지형
たかる	けむ	たる	ぬる	つる	ける	し	연체형
	けめ	たれ	ぬれ	つれ	けれ	しか	이연형
○	○	たれ	ね	てよ	○	○	명령형
형용사 (ク활용)형	4단형	ラ변형	ナ변형	하2단형	ラ변형	특수형	활용형
희망 (…하고싶다) 추량 (반드시 … 일 것 이다)	과거추량 (…였을 것이다) 과거의 사실에 대해서의 원인 · 이유의 추량 (…였던 것일 것이다) 과거 사실에 대해서의 전문 · 완곡 (…라고 말하다)	존속(…하고 있다/…해 두다)	완료(…해버리다/…해버렸다/…다) 확인 · 강의(반드시)		전문의 회상(…라고 한다/ …다) 영탄(…구나/…요)	체험의 회상(…다)	주된 의미
		동사형활용어에 접속				カ행·サ변동사에도 접속	비고

조동사 활용표

특수	이연형	연체형 체언		종지형							
비황	완료	단정		부정추량		전문추정	추량				
ごとし	り	たり	なり	まじ		なり	めり	らし	らむ(らん)	べし	
ごとく	ら	たら	なら	まじから	まじく					べから	(べく)
ごとく	り	たり と	なり に	まじかり	まじく	なり	めり			べかり	べく
ごとし	り	たり	なり		まじ	なり	めり	らし	らむ		べし
ごとき	る	たる	なる		まじき	なる	める	らし(らしき)	らむ	べかる	べき
	れ	たれ	なれ	まじけれ		なれ	めれ	らし	らめ	べけれ	
	れ	たれ	なれ	○						○	
형용사 (ク활용)형	ラ변형	형용동사형		형용사 (シク활용)형		ラ변형		특수형	4단형	형용사 (ク활용)형	
비황(마치~인 것 같다) 예시(예~같다)	존속(~고 있다/~고 있다) 완료(~했다)	단정(~다/~이다)		부정의 추량(~아닐 것이다) 부정의 의지(~하지 않을 예정이다) 부정의 당연(~것이 아니다) 불가능(되지 않을 것이다) 부정의 권유(~않는 것이 좋다)		전문(~라는/~라고 한다) 추정(~같다/~인 것 같다)	추정(~인 것 같다) 완곡(~같다/~같이 생각되어 진다)	추정(근거 있는 추량)(~같다/ ~임에 틀림없다)	현재추량(지금쯤은~고 있겠지) 현재의 원인·이유의 추량(~이기 때문에~고 있겠지) 전문·완곡(~라는/~라고 한다)	추량(~겠지) 의지(~할 것이다) 당연·적당(당연히~일 것이다/~하는 것이 좋다) 가능(~할 수 있다) 명령(~해라)	
체언 · 연체형 · 격조사 の · が에 접속	4단 활용 동사의 이연형 · サ변동사의 미연형에 접속	체언에 접속	체언 · 체언에 상당하는 어구에 접속	ラ변동사 · ラ변형의 활용어에는 연체형에 접속							

상대의 조동사

미연형			
반복·계속	자발 수동		존경
ふ	らゆ	ゆ	す
は	らえ	え	さ
ひ	らえ	え	し
ふ	らゆ	ゆ	す
ふ	らゆる	ゆる	す
へ	らゆれ	ゆれ	せ
へ	らえよ	えよ	せ
4단형	하2단형		4단형
계속(~해서 계속하다) 반복(반복해서~하다)	자발(자연스럽게~되다) 수동(~받다) 가능(~할 수 있다)		존경(~하시다)
4단동사에 접속	하2단(寝)에 접속	4단동사에 접속	4단 · サ변동사에 접속

조사의 의미 · 용법

접속조사					격조사										종류
を に	が	ど ども	と とも	ば	して	にて	から	より	と	へ	に	を	の	が	조사
역접 · 순접의 확정조건 계기 · 첨가	역접의 확정조건 단순 접속	역접의 확정조건 역접의 항상적 조건	역접의 가정조건	순접의 가정조건 확정조건 원인 · 이유 우연적 조건 항상적 조건	수단 · 방법 동작의 상대 사역의 대상	장소 · 시간 수단 · 방법 · 재료	장소 · 시간의 기점 수단 · 방법	장소 · 시간의 기점 경과하다 장소 수단 · 방법 비교기준	동작의 상대 변화의 결과 강의 인용구를 받음 비유 병렬	방향	시간 · 장소 동작의 대상 · 목적 동작 · 작용의 이유 · 결과	동작의 대상 경과하는 장소 · 시간 이동의 기점			주된 의미 · 용법
연체형	연체형	이연형	종지형	미연형 이연형	체언 · 체언에 준하는 어										주된 접속

부조사				계조사						접속조사						종류
のみ	さへ	すら(そら)	だに	もぞ もこそ	こそ	や(やは か(かは)	も ぞ なむ(なん)	は	ものを ものの ものから ものゆゑ(に)	ながら	つつ	で	して	て	조사
한정 · 강의	첨가 극단 인한 도	한 개부터 다른 것을 추량	정도의 경에서, 중을 유추	강하게 지시		의문 반어	일을 들어, 다른것에도 동취의 것이 있는 것을 나타내는 병렬 강하게 지시	다른것과 구별하고 거두고 있는 것을 강조	역접의 확정조건 순접의 확정조건	두 개 동작의 병행 역접의 확정조건	동작의 반복 · 계속 두 개의 동작의 병행 여정 · 영탄	(て)의 부정	단순 접속	단순접속 역접의 확정조선	주된 의미 · 용법
언종들의				언종들의					연체형	연용형 형용사의 어간	연용형	미연형	연용형 조사	연용형	주된 접속

간투조사		종조사												부조사				종류
のみ さへ	や よ	ぞ・かし	は も	かな か・かも	な	てしが (てしがな) にしが (にしがな)	しが (しがな)	もがな (がな・もが・もがも)	なも	なむ(なん)	ばや	(な—) そ	な	し	など (なんど)	まで	ばかり	조사
강의・영탄	영탄 부름	강의	영탄			자신의 희망		원망	자신의 희망 다른것에서의 원망			금지		강의	예시한 후에, 유예를 암시하는 완곡	범위・한도	시간・수량의 정도 한정	주된 의미・용법
종류들의 언어		문말	체언・연체형		문말	연용형		종류의 언어				종지형 (ラ변형은 연체형)연용형(カ변・サ변은 미연형)		종류의 언어				주된 접속

노희진

일본 도시샤대학 국문학과 졸업
경희대학교 일어일문학과 석사졸업
경희대학교 일어일문학과 박사졸업(문학박사)
현 경희대학교 · 서울신학대학교 · 강남대학교 · 국제사이버대학교 출강 중
현 (주)교문여행사 국제문화교류 자문위원

역서
일본초등학교 3학년 국어교과서선 이상신 · 노희진 譯註
일본초등학교 4학년 국어교과서선 이상신 · 노희진 譯註
일본문학의 이해 최순육 · 노희진

일본어 고전문법의 이해

초판 1쇄 발행 _ 2016년 11월 30일
1판 2쇄 발행 _ 2018년 8월 24일

편 주 자 • 노 희 진
발 행 인 • 정 현 걸
발 행 • 신 아 사
인 쇄 • 예지인쇄
출판등록 • 1956년 1월 5일 (제9-52호)
주 소 • 서울시 은평구 통일로 59길 4 (2F)
전 화 • 02)382-6411 · 팩스 02)382-6401
홈페이지 • www.shinasa.co.kr
E-MAIL • shinasa@daum.net

ISBN 978-89-8396-961-3(93730)

정가 12,000원